運動力學博士推薦
運動醫學專家指導

這樣
跑步
才對！

＼全方位的跑步書／

台灣復健醫學會理事長｜**李紹誠 醫師**

你會跑步嗎？

如果有人這麼問你，你一定覺得奇怪，誰不會跑步呢？從小時候會站開始，大部分的孩子就有跑的衝動，生活中，時時需要跑步，在正規體育課堂上也少不了跑步，誰不會跑呢？

但，我們真的懂怎麼跑嗎？這幾年，跑步成了受大眾歡迎的運動項目，不僅是日常到處可見跑步的身影，各種馬拉松賽事也愈來愈多，跑步人口愈來愈多，在諸多運動項目裡，跑步似乎是一項最簡單、人人可做、沒有什麼門檻的運動，但也常常聽到一些有關跑步的說法：傷膝蓋，年紀大的人最好少跑、一定要穿跑步鞋避免受傷、最好要有護膝……這些說法都對嗎？

其實，無論我們從多麼小的時候就會跑步，跑步和其他運動一樣是有方法的，雖然它很親民，但並不表示誰都可以隨意做，它的確對身體有幫助，但要對它有正確的認識，不僅要有對的姿勢，同時在跑完後也要有正確的伸展與養護，它並不是一項我們生來自然就會做得好，絕對帶給我們益處的運動——除非我們真正認識它！

這本書集合了國內優秀的運動教練及專業的復健醫師、運動醫學醫師及運動學系教授從不同的角度全面的引導讀者真正認識跑

步，對大家通常會有的問題作深入淺出的解答，並且以圖示教導大家正確的跑步姿勢及進一步訓練肌力的方法，對於有心長跑的人，更提出了具體的負荷管理操作方法，當然，少不了跑步後保護身體的伸展運動，可以說是一本全方位的跑步書，是本跑步者的必備法寶，有了它，才能享受跑步帶來的諸多好處，避免傷害。

「運動即良藥」這個觀念已漸漸為大眾接受，這帖良藥木必苦口，但確實要在用之前先了解藥性，有了充分的了解再服用，並且在服用後注意，避免可能引發的副作用，這樣藥效才能完全發揮。很高興本書的作者群花費很大的心力寫成這本書，並有極為生動的編排，讓讀者在賞心悅目的狀況下，吸收知識，並能按圖做動作，養成正確的姿勢，讓跑步帶領大家邁向健康人生！

李紹誠

Recommendation 推薦序 |||

台灣運動傷害防護學會理事長 | **李恆儒 教授**

　　路跑近年來成為最受國人歡迎的休閒運動方式，無論年齡、性別，只要穿上跑鞋即可進行跑步這項運動，也因此在週間的夜間與週末的時段，在操場上、河濱公園、與道路上都可以見到路跑運動的參與者。也因路跑的盛行，坊間有許多與路跑訓練、路跑傷害預防相關的書籍，本書應該是近期我看過在專業性與實用性皆非常平衡的工具書。

　　本書從路跑的優點介紹起，讓讀者知道跑步的優點在哪裡，循序漸進地從生理、心理層面來做探討，最酷的是，本書針對大家口耳相傳的迷思進行解答，這點更是可以讓讀者輕易接受跑步科普的概念。後續更針對跑姿的調整、訓練的方式、身體保健的方法進行深入淺出的探討與說明，讀起來一點也不吃力，而且可以很輕易的找到實際操作時相對應的內容。

　　本書的作者團隊包含復健科醫師、運動防護員、肌力體能教練與跑步專項教練等共同完成了這一本著作，其內容的專業度與實用性皆毋庸置疑，身為運動防護專業領域的推廣者，我在這裡強烈推薦本書給愛好跑步運動的讀者、未來想開始跑步的讀者與真心想要追求身體健康的讀者，這是一本不可多得的好書，也希望大家可以推薦給更多熱愛跑步的朋友。

（按姓名筆劃排序）

Recommendation 推薦序

台灣運動醫學學會理事長｜**林瀛洲 醫師**

　　我是一個跑者，曾經完成過兩個全馬以及至少十次以上的半馬！只要一有空，我就會用跑步來鍛鍊我的心肺功能及維持體能狀態。我也是一個治療運動傷害的專業醫師，我的門診常常會有不同水準的跑者前來求診，大部分來求診的民眾，也都能在此找到他們所需要的解決方案，得以繼續維持他們所喜愛的跑步運動。我相信看似枯燥乏味的跑步，絕對不是容易完成的！要學會如何健康的維持跑步訓練，必須具備基本的運動醫學、傷害防護以及運動生理的常識，才能趨吉避凶，在維持訓練之餘，還能享受運動表現提升的快感！

　　馬拉松世界紀錄的保持者Eliud Kipchoge曾經在奧地利維也納的非正式賽道上以1小時59分40秒的成績成功地將馬拉松的成績推進到兩小時以內。2022年9月25日更以2小時01分9秒的成績在柏林馬拉松創下新的世界紀錄。這位高齡37歲的肯亞選手，在賽後謙虛地表示，他的成功完全是團隊合作的因素。我相信在他的背後絕對有一個堅強的運動醫學及運動科學團隊在支持著他朝世界紀錄的盡頭邁進！《這樣跑步才對！》這本書就是您最好的運動醫學及運動科學團隊。這本書集結了國內優秀的運動教練、專業的復健醫師及運動傷害防護員，針對跑步運動的專業知識進行深入淺出的介紹，確實是一本不可多得的好書！我相信您對跑步運動的許多困惑在這裡都可以找到解答。就讓喜愛跑步的我們，一起跟隨著這本《這樣跑步才對！》來學習如何「無痛完賽」吧！

林瀛洲

Preface 作者序

我行我塑有限公司執行長
前桃園長庚醫院復健科體適能中心復健運動教練 | **李祈德 防護師**

　　一個意外的疫情、一通意外的通知，讓筆者意外地完成一件計畫外之事，能參與這次的整理與解釋防護的概念，也算是疫情中的莫大收穫。自台灣有運動防護以來，防護就與醫療牢不可分，但又與體育運動如基因鏈結般不可斷割，因此運動防護與治療常常難以區分異同處！在主編周適偉醫師、院長與教授的精準定義之下，得以讓防護的概念清晰呈現，運動負荷量監控本就是近年運科研究的主流，更是運動防護評估的基石，若不熟悉相關概念怎麼探究成因？若誤判成因怎麼正確處理？在此感謝其他諸位醫師、教授與出版社的提攜，讓「運動負荷量管理」課題得到另一個分享的機會。

（按姓名筆劃排序）

Preface 作者序

美國德州大學人體運動學博士
臺北醫學大學醫學士、美國德州貝勒醫學院研究員 | 周適偉 醫師

「台灣復健醫學會」在2020年5月，新冠疫情一時難以預料，李紹誠理事長責成學會「智庫」研討線上課程，一致認為有必要開立線上繼續教育課程，提供專科醫師專業學分，隨即委請學會「復健推廣與媒體互動」及「健康促進與運動醫學」兩委員會，合作推動「復健專科上體育課」線上系列課程，並邀請所有復健專科醫師，一起參與線上「路跑」課。後續，承蒙「捷徑出版社」將本線上影音課程，重新訪談編輯、拍攝後製、校正排版，過程中經過疫情不時攪局，實體書籍千辛萬苦始出來，歷時兩年有餘。

任何運動，特別是專項運動，就如本書主題的路跑運動，都需要以下三大要素：一、技術與體能，由教練指導專項運動的技術與體能；二、運動防護，由運動防護師執行疲勞監控、核心訓練，並協助教練的訓練課表或醫師的運動處方；三、運動傷害，由包含復健專科在內等相關醫事人員進行運動醫療處置。以上三要素息息相關，對一般運動者而言，目的是在運動安全下，進行訓練或參與運動，享受運動帶來的樂趣與健康；對競技運動者而言，則是帶來勝利的喜悅。以上，也是本書首要傳遞的訊息。

本書作者群，提供不同運動領域的相關專業，形成一條完整的運動光譜，希望每一位讀者或跑者，都能在這一條運動光譜上，找到自己不同頻率波長的位置，從這一本書中各取所需而獲得啟發。

Preface 作者序

桃園長庚紀念醫院復健科主治醫師
台灣人工肢體及輔具研究學會理事長 | 陳智光 醫師

　　走上復健醫學的路，有很大一部分是源自對於運動醫學的狂熱。運動是最好的復健，而好的復健則能延長運動生命，彼此相輔相成，在我從醫的路上，兩者對我的啟發都很大。

　　在各類型運動中，跑步是許多人熱愛的單項運動，同時也是許多運動的基本技能與訓練項目。以我最喜愛的足球運動來說，一場正規90分鐘的足球賽，球員平均整場要跑8到12公里，因此如何正確高效的跑步，又能避免傷害，在競技、訓練甚至休閒的跑步過程中，都是極為重要的。

　　很榮幸有這個機會，與多位專精於跑步運動的專家，在台灣復健醫學會的支持下，共同完成這本跑步專書。這本書彙集多位專家的經驗，內容涵蓋跑步的基本觀念、裝備、場地、姿勢、技巧、訓練、防護及營養等各個面向，十分切合跑步人的需求。我則從運動醫學的角度，提供一些跑步相關運動傷害的防治觀念。我一直認為，運動醫學的主角應該是運動或運動員，醫學的努力，是讓運動或運動員無後顧之憂，自許我們能成為運動或運動員的強大靠山。

　　一個人走得快，一群人走得遠，透過團隊努力，我們獻上這本跑步專書，希望您可以跑得又快又遠又安全！

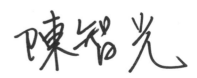

（按姓名筆劃排序）

Preface 作者序

臺北市立大學體育室主任
臺北市立大學水上運動學系教授 ｜ **劉德智 教授**

　　參與競技運動多年，個人從選手至教練、學校教職的過程中，不斷嘗試將訓練科學知識運用在一線實務操作。在難得的機緣下，透過毛琪瑛醫師與周適偉醫師的引薦，參與了「台灣復健醫學會」的「智庫」線上研討課程。在復健醫學領域傑出專家的整合下，促成結合了運動傷害醫療、運動傷害防護以及運動訓練中技術與體能建立等知識，以簡單清楚的文字傳達參與運動時應該建立的觀念與實用的資訊。

　　跑步運動為人體活動中最重要也是最基本的項目，正由於它開始參與的門檻與要求相對簡單，也成為大眾普遍選擇的健身活動之一。事實上透過跑步活動來達成健身，或進一步參與正式的路跑賽事活動，在過程中仍有不同程度的運動技術、體能以及運動傷害等問題困擾著參與此一活動的人。本書的編寫旨在對於上述的內容透過清楚的整理以及易於理解與實踐的文字，期待提供大眾一個更安全、更健康、更有效的參考資訊，以期建立更健康的生活。

Preface 作者序 ///

鐵人三項國手
2022世界大學鐵人三項錦標賽國家代表隊教練　　**魏振展 教授**
臺北市立大學水上運動學系教授

　　跑步運動便利性高，從事人口範圍廣，一般運動愛好者到競技選手，皆能從跑步運動獲得身、心理的好處。近年健康意識興起，各地路跑活動相湧而出，儼然是新穎的全民運動，跑步運動成為一般民眾熱門選項，但隨著跑步人口增加，一般跑者也不斷追求個人成績，在不良跑步姿勢及過度訓練下，卻產生不少運動傷害，儘管跑步運動是反覆的動作模式，也是人類生存的基本能力，但要跑得長久、跑得健康，其實是一門專業的學問。

　　近年由選手轉任教練，指導訓練過程中，建立跑步技術的基本動作，是課程的重要環節。一位擁有良好跑步技術的跑者，除了能提升成績表現外，也能減少運動傷害的風險。受臺北市立大學水上運動學系劉德智教授（作者之一）邀約，很榮幸參與「台灣復健醫學會」線上課程中的跑步主題，將跑步技術訓練整理成其中章節，如今有機會透過書籍跟大家分享。

　　作者群結合運動教練、體能訓練師及復健醫師等團隊，為跑步運動進行全面剖析，不僅提供技術與體能訓練內容，更透過專業醫師的角度，帶來運動防護及傷害處理的方法。本書集結全方面的運動知識，讀者可以從中獲取各領域的專業內容，讓跑步運動可以輕鬆上手，並且享受跑步的樂趣，藉此改善身、心健康，進而提高生活品質。

Contents

目・錄

Part 1 關於跑步**該知道的事**

1・為什麼要跑步？

2・在跑步之前的小檢測

Part2 開始跑步**該注意的事**

1· 跑步的姿勢

2· 跑步訓練：強度調配

5 · 長跑運動防護訓練：負荷管理操作方法

Part 3 跑步後該如何保護身體

1. 跑後透過肌肉伸展來養護身體

2 · 運動傷害

#LET'S RUN

Part

1

+》》》》》·····

關於跑步
該知道的事

1. 為什麼要跑步？

每個人運動的目的不盡相同，可能是為了減肥，可能是想要增肌減脂，可能是為了追求健康身體……，在生活中也常常能聽到各種宣導運動的口號，希望大家都要養成持續的運動習慣，但人為什麼要運動呢？

運動的好處無所不包，不管是任何種類的疾病、任何程度的病徵，都會有適合的運動和動作，根據運動處方的調整，制訂出適合每個人的運動計畫。運動即良藥，運動對人們來說只有好處沒有壞處，尤其跑步基本上是適合所有人的運動。所有的藥物、診療、處方都有禁忌症跟適應症，但跑步是有個人處方但是沒有禁忌症的一項運動，也就是說，任何人都可以嘗試跑步這項運動。而長跑對人體有很多好處，長跑可以改善身體機能，讓身體更健康，也就間接延長了壽命，繼而改善生活品質。

跑步的好處

跑步對身體的好處多多，以下將針對跑步的優點一一說明：

提升心血管功能

心血管疾病可以說是現代文明病，除了先天性心血管疾病外，大部分心血管疾病都肇因於飲食、運動和生活習慣不良。大約有九成的

心血管疾病是可以預防的，建立良好的生活習慣、均衡飲食、戒菸、減少飲酒和維持規律運動都是重要的預防方法。

　　跑步就是其中一個預防的好方法，因為跑步能提高心肺適能。心肺適能指的是心臟傳遞氧氣給身體各組織器官的能力，提升心肺適能可以讓人運動更久、增強體力，並且不會很快感到疲倦，在生活上也能提升工作效率。

　　跑步也能降低安靜心跳率。安靜心跳率指的是在沒有運動的情況下，休息或是靜止不動時的心跳次數。在狀態穩定且氧氣需求量相同的條件下，每分鐘心跳次數越少，表示心臟每收縮一次可以輸出較多的血液量，使得整體心肺功能進步。良好的心肺功能讓血管內部循環達到平衡，促進血壓的穩定，進而降低引發冠狀動脈相關疾病的可能性。三高、包括糖尿病、高血脂、高血壓以及與心血管相關的慢性病，都可以透過跑步提高心肺適能，達到減緩的效果。

改善身體代謝

　　跑步對於身體代謝也有很大的幫助。在跑步的過程中，需要釋放出葡萄糖來供應能量，讓我們有足夠的體力運動，逐漸地我們葡萄糖的攝取和調節功能就會獲得改善，胰島素的敏感性會逐漸上升，血液裡面高密度脂蛋白膽固醇及三酸甘油脂的濃度都會獲得改善，能夠預防代謝方面的慢性病，像是第二型糖尿病，因為胰島素的敏感性提高，血糖的控制能力也因此變好，所以跑步對於控制或改善第二型糖尿病是有非常好的效果。

　　高血脂症以及身體肥胖者，長期來看身體的代謝能力是非常不好的，透過長時間的運動介入，可以讓身體代謝相關的慢性病達到預防或改善的效果。

調整體脂肪

體脂肪百分比透過穩定的跑步習慣可以有效地控制，甚至可以降低體脂肪，燃燒體脂肪促進腰臀圍尺寸縮小。

強化骨骼和肌肉系統

透過長時間、長期的跑步訓練，可以提升我們作用肌肉的質量，使身體的肌肉量能夠往上增加。而跑步的動作是透過踩、踏與地面的反作用力，讓我們的骨骼系統獲得刺激，尤其是下肢的骨骼系統能得到的刺激最為明顯，所以跑步會直接地提升我們下肢骨頭的骨密度，並且刺激骨骼的相關關節，大大降低得到關節炎的風險。在骨骼肌肉系統中，跑步帶來的好處也不少，它可以減少肌少症的產生，並且減緩骨質疏鬆症的發生，維持我們身體的活力。

降低失能風險

跑步讓身體一直有規律的運動，血液有充分的循環，能讓我們身體機能保持在一定的程度，並增加敏捷度、協調性，增肌強骨，可降低身體失能的風險。

降低憂鬱症風險

除了身體機能的改善，跑步對於神經精神科也有幫助，能降低阿茲海默症或是精神疾病、憂鬱症發生的風險。有研究指出，透過運動可以改善大腦的海馬迴以及前額葉皮層的功能，對於降低憂鬱症產生，有顯著的效果。眾多運動中，跑步相對合適，因為跑步需要長時間的進行，對於大腦氧氣的供應及養分的供給效果相對於其他運動，是比較持續且持久的，因此對於憂鬱症的改善效果非常顯著。

所有人都適合跑步嗎？ ///

跑步可以是全民運動

　　跑步相較於其他種類的運動，是很容易入門的運動。根據教育部體育署的統計資料顯示，有運動習慣的人們從事走路和慢跑的比例與其他運動相比來得高，可以得知這類的運動對民眾來說，是相當容易進行的。

　　跑步除了容易入門外，對所有人來說跑步都是一項很棒的運動，可能會有人覺得心臟不好、有心血管疾病、膝蓋不好的人就不要跑步，其實大家都是可以跑步的，只是每個人需要的強度不同，要根據個人的狀態、狀況來調整運動強度，例如：有一個第一次接觸跑步的跑者，跑一下就氣喘吁吁，心律數也很快，就可以知道心肺能力還有進步的空間，就可以先從快走開始練習，等到進行了一段時間，心肺能力有所提升後，再慢慢加強運動強度。適時根據個人狀況調整強度，是跑步的重要關鍵。

判斷自己適不適合跑步，要評估自己身體在生活上的狀態，連日常生活、吃飯、睡覺、工作都會痛，就暫時不適合跑步，因為跑步是全身性的運動，若是在開始運動前就感覺到不適，卻強迫自己開始跑步，反而會越跑越難過，例如手、肩頸疼痛的人，有可能因為跑步時的擺臂動作讓疼痛更加劇烈，痛感要先解決才能運動。因此只要日常生活中，沒有太多的不適和疼痛，都可以選擇跑步運動。

　　如果你在日常生活中，都沒有太多的不舒服，反而是在運動過程中感到不適，這就是身體給你的訊號，藉由身體動起來讓自己知道哪裡會痛，看出自己最弱的地方，只要積極的去尋求解決，治療好疼痛再繼續跑，對身體是最安全、最健康的方式。

　　只要認真跑，敏感地時時刻刻注意自己身體的訊號，有任何蛛絲馬跡，就停止並尋求治療。也要注意自己運動的強度是否是身體可以負荷的，適時根據自己狀況做調整。

長者適合跑步嗎？

　　所謂長者，可以泛指六十五歲以上的人，六十五歲以上的長者逐漸退出職場，準備安享退休生活。俗話說：「活動，活著就要動。」退休生活要保持健康，那麼運動必不可少。在眾多運動中，跑步可以依每個人身體狀況不同來調整強度，對長者是可以考慮的運動選項之一。

❶ 長者跑步的好處有哪些呢？

　　無論是不是長者，都要謹記運動的目的，運動可以壓縮罹病率（compression of morbidity），使人擁有更健康的體魄。因此，運動的狹義好處是可以福如東海，在福如東海之後，進一步壽比南山。

壓縮罹病率

　　隨著預期壽命逐年延長，長者的照護也成為社會注重的議題，但長者的照護除了關注臥病在床的長者外，還能關注「如何更健康」。如果可以減少晚年患病的可能，就可以減少照護的負擔，更可以讓長者擁有更健康的晚年。這樣的概念就被稱為「壓縮罹病率」，要壓縮罹病率最好的方法，就是讓飲食清淡一些、定時檢查身體，而且要定時運動，以此拉長健康的時間。

② **長者若是慢性病患者，如高血壓、糖尿病、心臟病、關節炎等，在跑步時有沒有需要注意的事呢？**

適度的運動，有助於三高的控制，包括糖尿病、高血壓、高血脂，也是心臟復健的一環。當然，若要以運動作為心臟復健的療程之一的話，須依照心臟復健次專科醫師的諮詢與指導施行。

基本上，適度的運動有助關節炎的控制，但是需要有醫師的診斷導向之運動處方，先運動治療，待睡眠、日常生活、工作無症狀後，才可以考慮進一步參與有強度的運動，並漸進式地接受教練的專項基本體能及專項運動的訓練課表。

③ **長者容易有膝關節退化的問題，這樣跑步時有沒有需要注意的事呢？**

長者若希望以跑步作為平時的運動方式的話，如同慢性病患者，需要有醫師的診斷導向之運動處方，先運動治療，睡眠、日常生活、工作、坐站走上下樓梯無症狀後，才可以考慮進一步參與有強度跑步的訓練，並漸進式地接受教練的基本體能及專項運動訓練的課表。

④ **世界衛生組織建議65歲以上長者，身體活動量要與一般成人相同，每週完成至少150分鐘中等費力身體活動，請問跑步適合嗎？**

所有運動的原則都是一樣，就如世界衛生組織建議的：「身體活動量要與一般成人相同」，而且貴在持之以恆。因此保持對運動的興趣很重要。

一般而言，要先有肌耐力後才有爆發力，慢跑是其中一種肌耐力及心肺訓練，游泳、滑步機等等也都可以，但是參與有強度的運動訓練時，一有問題，不適或受傷，就要儘早就醫，先回到運動治療階段，並降低運動訓練的強度，讓治療與訓練達成平衡狀態。

肥胖者適合跑步嗎？

過重、肥胖的定義為身體質量指數（BMI；體重／身高平方）大於、等於24kg/m²，衛福部國健署統計，18歲以上成人過重及肥胖比率逐年上升，2017～2020年平均過重率50.3%。世界衛生組織表示：「肥胖是一種慢性疾病」，容易造成「三高」，也可能會有其他癌症的風險，須慎重以待。

若要減重，運動是相當重要的一環，而跑步是門檻較低的運動，相當適合作為減重的選項之一。

① 跑步對肥胖者有什麼好處嗎？

體重過重或是肥胖可能造成心血管系統、身體代謝能力相關疾病並引發心理相關的併發症，甚至對某些惡性腫瘤和過早死亡的風險增加。

大量的研究指出，跑步與較低的體重和較小的腰圍密切相關。跑步可以預防心血管疾病和癌症，這些是包括美國在內的

大多數已開發國家的兩個主要的死亡原因。若將習慣跑步與不跑步者相比，心血管疾病相關死亡率的風險降低了 45%～70%，癌症相關死亡率風險也降低了 30%～50%。此外，也有相關結果表示，跑步可以預防神經系統疾病（如阿茲海默症和帕金森氏症）以及呼吸道感染導致的死亡。

綜合了上述的因素，無論是從個人或是公共衛生的角度來看，跑步是一種理想的運動方式之一。

阿茲海默症和帕金森氏症

阿茲海默症俗稱老年痴呆、失智症，是一種發病進程緩慢、隨著時間不斷惡化的神經退化疾病，一開始會難以記住最近發生的事，中後期可能有語言障礙、情緒不穩等問題。

帕金森氏症會影響運動神經系統，是一種慢性神經退化疾病，早期症狀為顫抖、肢體僵硬、運動功能減退等，也可能伴隨睡眠、情緒等問題。

❷ 請問跑步可以幫助肥胖者減重嗎？快跑會比慢跑更容易達到減重效果嗎？

運動的目的是降低個人全身的體脂肪，而降低身體脂肪可以分別從燃燒脂肪（fat burning）與減少脂肪（fat loss）來看。身體在不同的運動強度下，使用的能量來源不同，低運動強度以脂肪作為主要活動來源，運動強度越高則碳水化合物（醣類）的使用比率越高。

運動時間越長，運動強度越低，脂肪燃燒比例越高，慢跑90分鐘後，可能90%都是脂肪燃燒，長時間慢跑會減重；運動時間越短，運動強度越高，醣類代謝比例越高。2分鐘的快跑，醣類代謝作為能量來源的比例會明顯高於慢跑。

　　因此，如果只看燃燒脂肪，睡覺或是什麼活動也不做所能消耗脂肪的比率最高，理論上好的睡眠（長時間極低強度的活動），有助減重，有這麼一說「睏嘛ㄟ瘦」。

　　所以對於降低體脂肪不能單就燃燒脂肪來達成，必須將減少脂肪攝取量一起考量。前面提到醣類作為運動能量來源的比率會隨著運動強度而增加，其主要的來源是儲存在骨骼肌中的肝醣，透過較高強度的運動來分解消耗。當運動結束後骨骼肌會爭奪體內資源，將營養吸收至肌肉中儲存，體內脂肪組織相對就會得到較少的資源，可以達到減脂的效果。運動結束後的30分鐘內是肌肉吸收能源的黃金時期，建議至少在運動後二小時內完成進食。

❸ 運動時，肥胖者的關節負擔會比較重，有什麼需要注意的嗎？

　　無論是長者、BMI偏高者或其他族群，參與有強度的運動訓練時，若有任何不適或受傷，都應儘早就醫，回到運動治療階段，以醫師診斷的運動處方為主。睡眠、日常生活、工作、坐、站、走、上下樓梯等都無不適後，才可以考慮進一步參與有強度的運動訓練，並循序漸進，接受教練的專項基本體能及專項運動的訓練課表。

不同性別，跑步要注意的事情相同嗎？

在眾多運動賽事中，男女性往往會分組比賽，而兩組的成績也會有些差異，尤其是著重肌力與爆發力的項目，男女性的差異會更明顯，那麼跑步的注意事項會有所不同嗎？

跑步時，女性有要特別注意的事嗎？

女性運動員之危險三角（The Female Athlete Triad）：能量攝取不足、月經異常、低骨密度。在長跑及追求瘦小的運動項目中（如韻律體操），是女性選手常見的問題，若懷疑有相關症狀，請盡速尋求醫療處置。

能量攝取不足

月經異常　　　　　　　　　低骨密度

能量攝取不足	除了厭食症和暴食症之外，在需要體重控制的項目，常見異常飲食行為。若長期營養攝取不足，會惡化身體健康，進一步影響運動表現。
月經異常	對時常運動的女性來說，若 BMI、體脂肪率過低，可能會出現月經異常。因為荷爾蒙失調，月經異常的女性運動員，骨密度會比月經正常的人還低，使壓力性骨折、肌肉傷害的發生率變高。
低骨密度	若女性有能量攝取不足、月經異常、過去骨折病史等情況，骨折風險會大幅升高。

運動人人平等！

　　醫師的運動處方，教練的訓練課表，都是以運動為中心，是一貫的、連續的，因著個人的體能狀態，有不同的運動表現或是不同的不適症狀，尋求不同的運動治療處方，處理不適症狀，或運動訓練課表，增進運動表現。

　　運動即良藥，養成運動習慣對身體有益無害，而跑步則是最容易從事的運動，現在社會提倡健康老化，跑步能讓我們的身體機能保持穩定，對於慢性病的預防有正面的效果，使生活品質更好，間接讓我們更加長壽，活得快樂又健康。

2. 在跑步之前的 小檢測 +》》》》····

　　既然運動能協助改善我們的體質，跑步又是眾多運動中相對容易入門的，那麼想培養運動習慣，從跑步開始不失為一個好選擇。但是在實際開始跑步之前，得先確認自己的身體狀況，以免欲速則不達。

第一步是走路

　　小嬰兒是先學會走路才會跑步，因此我們可以知道，跑步是人與生俱來的能力，也是最容易上手的運動。但是我們在培養運動習慣時，循序漸進是相當重要的，若是走路就有不適，就相當不適合跑步，要評估自己的身體是否適合跑步，觀察自己是相當重要的！

日常生活的需求

　　日常生活中，儘管科技日新月異，代步工具推陳出新，人仍免不了走路，無論是過馬路、上下樓梯，又或者是外出搭車，都需要走路。我們可以透過觀察日常生活中在走路後會不會喘、有沒有哪裡疼痛，來評估自己的身體狀態。

　　可以先試著回想看看是否有相似的經歷，如在上班或趕著前往聚會的時候，眼看著預計要搭的車即將來不及，連忙快步趕車。當自己在快步走路時，會不會很容易覺得喘？更有甚者，身體會不會因此疼痛？若是容易因快走而身體不適的話，就不適合直接跑步。

　　若是連續長時間的走路是沒問題的，就可以開始嘗試跑步。一般連續走60分鐘為平均值，如果能夠連續60分鐘走路或是跑步30分鐘，沒有任何不適，這樣的能力就足以應付日常生活的上下樓梯及小跑步了。所以觀察自己日常生活中的身體狀況，是評估是否適合運動的重要關鍵。

配合自己的身體狀況

　　假如連日常生活中的走路需求都難以達成的話，就不太可能越級挑戰跑步了。若平時走一小段路就感到身體不適，此時比起積極培養自己的運動習慣，不如先諮詢醫師，了解自己的身體是不是哪裡出了問題，需不需要協助？在身體調養好後，再重新開始走路。

　　走路的嘗試也應該要一步一步來，假如一開始走個二十分鐘就開始氣喘吁吁，那麼就別急著挑戰三十分鐘。先習慣二十分鐘的走路強度，等到游刃有餘之後，再加上五分鐘，慢慢地加強運動的強度才不至於對身體造成更大的負擔。

　　要謹記著必須以自己的身體狀況為最優先，否則為了強健體魄而運動，卻導致身體先一步垮掉的話，就得不償失了。相反的，若是可以連續走六十分鐘，應付日常生活的需求毫無問題時，就可以來挑戰跑步了。

跑步方式沒有絕對的正確，「舒適」才是重點！

很多人會問：怎樣的跑法才不會受傷？要如何避免運動傷害？我的跑步方式是正確的嗎？其實跑步方式沒有絕對的正確，雖然有著專業的跑步姿勢，對跑步的過程和成績的表現上有很大的幫助，但是其實在跑步時，自己覺得「舒適」是更重要的關鍵。

走路是人與生俱來的能力，跑步亦然，除了要參加比賽的訓練會有運動科學的介入外，一般民眾的跑步能力是出自本能，只要在自己「舒適」的情況下，連續的走路，並無任何不適，就可以根據自己的身體狀況，漸漸增強運動的強度，嘗試快走甚至是小跑步。若運動過程中有感覺到任何不適，也要立刻解決再進行下次運動，有問題就要解決，維持身體的舒適，是運動及跑步的重點。

心肺能力也是跑步的重點！

　　你是否也有這樣的經驗呢？跑了很長一段時間後，身體不會太累，肌肉沒有痠痛，但是感覺要喘不過氣了，這就說明心肺的能力不足以應付身體的能力。在跑步運動中，除了關注自己的肌肉、骨骼和身體狀況外，心肺的能力也是相當重要的。

　　心肺能力的好與壞相對於肌肉是否不適，是較難去觀察的，我們可以透過穿戴式裝置來適時檢視自己的心肺。若是沒有穿戴裝置，可以邊跑步邊測量自己的脈搏，掌握自己的心肺狀態，也可以透過計算最大心跳率（參考書中第84頁），來換算自己所需的運動強度，評估自己的身體狀態調整強度，從低強度、中等強度到高強度慢慢往上調整強度，以提升自己的心肺能力。

　　我們可以將運動能力以一個光譜比喻：

躺著　⟷　馬拉松

　　在光譜中的人們都可以運動和跑步，關鍵在於自己是否「舒適」，根據自己的能力和狀態適時去做調整，能力在哪，就用符合自己能力，自己覺得舒適的方式運動。我們總說「運動是一種健康檢查」，透過動起來檢視自己的身體，看到自己的肌肉、骨骼、關節和心肺能力有什麼問題，有任何問題就解決它，這樣解決問題和提升能力的過程便是一種自我能力的強化。

3. 大眾的跑步和運動迷思

　　現代人注重健康，會去關注許多生活、保健、飲食和運動的資訊，來調整生活習慣，讓自己變得更健康，根據教育部體育署的統計，有運動習慣的人占多數，其中大多以戶外運動為主。

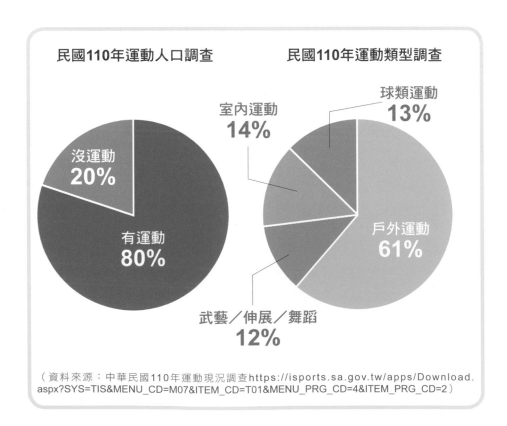

民國110年運動人口調查

沒運動 20%
有運動 80%

民國110年運動類型調查

室內運動 14%
球類運動 13%
戶外運動 61%
武藝／伸展／舞蹈 12%

（資料來源：中華民國110年運動現況調查https://isports.sa.gov.tw/apps/Download. aspx?SYS=TIS&MENU_CD=M07&ITEM_CD=T01&MENU_PRG_CD=4&ITEM_PRG_CD=2）

在有運動習慣的人群中，運動目的以「為了保持健康」占比最高，可以發現多數人的健康意識逐漸上升。

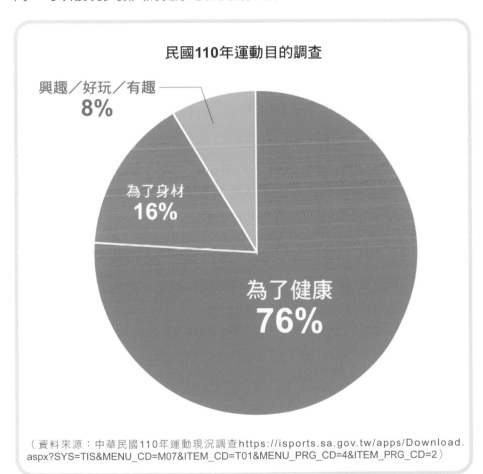

民國110年運動目的調查

興趣／好玩／有趣
8%

為了身材
16%

為了健康
76%

（資料來源：中華民國110年運動現況調查https://isports.sa.gov.tw/apps/Download.aspx?SYS=TIS&MENU_CD=M07&ITEM_CD=T01&MENU_PRG_CD=4&ITEM_PRG_CD=2）

而快節奏的生活，使人們透過網路文章、電視媒體就迅速地瀏覽訊息，因為健康的出發點及性質，內容會讓人深信不疑，相信是正確的並流傳開來廣為人知。其實有很多大眾深信不移的觀念，在復健科醫師的角度來看是大大的迷思。讓我們來一步一步的破解流言、解答疑惑，有正確的觀念才能正確運動，跑出好身體。

迷思 1 ▶ 跑步的第一步是準備護膝嗎？

很多人在準備運動前，都會物色相關裝備，而跑步大家會想到的裝備大概就是護膝了。透過戴上護膝來保護膝關節，甚至讓微微痠痛的膝蓋比較不疼痛，使我們在運動的過程更順暢。其實這個想法是大大的錯誤。

很多人都會覺得護膝是一種保護的工具，因此運動的時候就要戴起來，但其實這樣會無法讓我們知道自己在運動時的膝蓋狀況。舉例來說，假如我們走路時膝蓋不痛，但一跑起來卻疼痛無比，這時我們就可以知道是因為跑步的動作，讓膝蓋不舒服，這時趕緊停止去求助醫生，才能達到有效的治療，對症下藥。

可能會有人說：「我原本膝蓋不舒服，反而戴上護膝後跑步就不痛了。」跑步過程不痛，常常跑完脫掉護膝後還是痛，甚至更痛，卻還是認為護膝是跑步中必要的裝備，其實不然。人在運動的過程中，會分泌腦啡，體內分泌腎上腺素，血清素也會上升，這會讓我們暫時性的感覺到愉悅和舒適，但在運動結束後，原有的疼痛便會伴隨而來，甚至會感覺到更劇烈地疼痛。

因此使用護膝雖然能暫時的緩解疼痛或保護膝關節，卻會讓我們忽略掉身體的疼痛，錯過了治療的好時機，人們因為痛而穿上護膝，讓自己相對不那麼疼痛，久了反而會使附近部位肌群退化，到時要再來治療，反而會更困難。自然的跑步，不依賴護膝、護腰等護具，才能看到自己身體的問題，繼而準確、迅速地去解決它。

Question 迷思 **2** ▶ ## 跑步會痛就不要跑，能解決問題嗎？

　　有些人走路沒問題，一跑起來就劇痛無比，毅然決然地放棄跑步這項運動；有些人擔心跑步會造成運動傷害，甚至會磨損關節，因此決定以走路取代跑步。我們以為保護肌肉、關節或骨骼的行為，其實對身體的防護來說幫助不大，能做到的是延緩惡化，但沒有辦法強化或是治療，甚至是回復到受傷前的狀態，因此最好的方式還是透過正常活動來檢視自己不舒服的地方，再經由醫師專業的判斷和治療，來解決疼痛的問題，釐清做什麼動作特別不舒服、平常哪裡會痛、怎麼樣能夠不痛……，才能真正的解決身體問題。等到所有問題都處理完畢，跑步就不會是一項會傷害身體的運動了，甚至解決在日常生活中的不適。

Question 迷思 **3** ▶ ## 上半身沒有核心肌群嗎？

　　提到核心肌群，大家總會想起腰骨盆之間，但你知道其實脖子也是廣義的核心嗎？頸部是上肢的核心，它的力量無所不在，我們日常生活中的所有活動，脖子的力量都是不容小覷的，在跑步運動中，頸部的力量也扮演重要角色，它可以穩定我們在跑步時的重心，並且頸肩的肌肉會帶動手臂的擺動，頸部有穩定的力量，肢體的擺動才會更穩定，因此頸部在上肢運動中，是很重要的核心肌群。下次聽到核心肌群不要只看向肚子，肩頸也是很重要的核心！

迷思 4 ▶ 上樓走樓梯，下樓坐電梯，就能鍛鍊身體嗎？

　　上班族總是久坐，運動的機會不多，因此很多人會提倡透過走樓梯來達到每日的運動量，尤其以走上樓梯搭配下樓坐電梯為主，以為這樣可以鍛鍊身體，慢慢養出好體魄，其實這觀念也不完全正確。雖然有運動到，看似對鍛鍊身體有幫助，但是卻不是全方位的肌肉運動，並且身體訓練不到位。

　　在上下樓的動作中，運用到的肌群不同，能夠鍛鍊的部位也不盡相同。下樓梯時對肌肉、腳踝的負擔與上樓梯相比的確較大，但不能因為負擔會比較大而不下樓梯，平常沒有透過下樓梯的動作知道自己的弱點，在電梯壞掉時、必要時候要走樓梯，才發現自己身體負荷不了，這時再去治療就錯過最佳的時間點了，因此時時刻刻注意著身體的狀態，從日常生活的運動中看到自己的不舒服，才是對身體有幫助的。

　　若是在上下樓梯時發現困難或感覺到不適，這時我們要做的第一步不是去搭電梯，而是先仔細感覺是哪裡不舒服，記下並告訴醫生，要解決的重點是怎麼樣讓下樓梯這個活動是不會痛的，而不是因為會累、會疼痛就放棄這個活動。活動過程中，解決疼痛不適的問題，也是一種身體強化的過程。

迷思 5 ▶ 原來身體不舒服，跑了10分鐘等身體熱開就會好了？

這是錯誤的訊息，如果有任何不舒服在運動中發生，代表的是這項運動會影響到身體的某些部份，若是透過一段時間的活動，來熱開身體緩解不適，效果只會是一時的，反而還會影響到未來，可能會慢慢地越花越多時間在熱身上，以緩解不適，甚至「再也熱不開」。有不舒服就應該適時的停下，觀察自己哪裡痛，什麼動作會感覺到痛。

迷思 6 ▶ 山地太陡跑起來會傷膝蓋，為了保護身體還是在平地跑步比較好？

每種坡度、地形都對身體肌肉有不同程度的幫助，偶爾換場地跑步，可以訓練到跟以往練習時不同的肌群。由於山地的坡度較大，是一種阻抗訓練，能夠使我們鍛鍊到小腿、四肢、臀部的肌肉，會讓我們跑步時有更大的肌力，在平地上的爆發力會更強，有助於短跑爆發力的培養。另外，在山坡跑步可以鍛鍊到腿部肌肉，在不同的傾斜程度中，能鍛鍊到的肌肉效果都不同，長期來看，對於培養腿部肌力是很有幫助的。

不過凡是運動都要記得適時的關注自己的身體狀況，有任何不適就應該停下尋求醫師的協助，有健康的身體才能持續的運動保健體態。

Question 迷思 **7** ▶ 穿適應的舊鞋，跑步才不傷腳？

　　穿新鞋總是需要一段時間讓腳適應，因此進行長跑時穿新鞋可能會讓腳磨傷，目前對於鞋子要穿著跑多久才是最適合的，沒有一個定論，但是任何鞋子在一段時間的使用後，或多或少都會有所磨損。因此穿著過舊的鞋子，是更不適合進行長跑的。過度舊的鞋子，在吸震能力、彈性或摩擦力的效果會隨著跑鞋的磨損，有一定程度的損壞，在跑步時的反作用力，就很有可能直接衝擊，傷害到身體。

　　因此為了能快速適應新跑鞋，又不會因為跑得過多磨損新鞋底，可以透過舊新鞋輪替，慢慢替換掉過去常穿的跑鞋。一雙跑鞋在每天跑的情況下，壽命大約是半年，可以根據自己穿鞋的習慣評估，在舊鞋有些許的磨損和損壞時，就可以與新鞋交替使用，讓自己習慣新鞋，也延長舊鞋的壽命。

Question 迷思 **8** ▶ 用跑步機跑步就夠了？

　　現代人追求健康，很多人都會有運動健身習慣，戶外運動受限於天氣和空氣的影響，從事室內運動就可以避免因為天氣不好、空氣品質不佳而中斷運動習慣。多數人在室內運動中，都會選擇跑步機鍛鍊

自己的心肺，但有些人可能會覺得奇怪，為什麼在跑步機可以跑到3公里，在戶外跑1公里就氣喘吁吁了，其實跑步機跟路跑的條件不同，能給予身體的幫助也就有所不同。

在戶外跑步會受到地形坡度、路線彎直以及風的阻力影響，而跑步機上更像是原地的跑跳，因此兩者對於鍛鍊肌群和心肺能力來說，還是有所不同。若是想透過跑步機來鍛鍊路跑能力，需要將跑步機調整為模擬戶外的條件或是更改自己跑步的習慣，對於鍛鍊肌力會更有幫助，像是增加跑步機的坡度、在跑步機上放大步伐等，才更有可能會有在戶外練習跑步的效果。但是「模擬」畢竟不是「實境」，要參加路跑活動，還是要經過實境訓練的過程。

Question

迷思 **9** ▶ 跑步完隔天身體肌肉痠痛或是鐵腿，隔天還是可以繼續跑？

在運動結束後，一定要做適當的運動處置，以減緩運動當下的痠痛。一般有做好充分的運動處置，經過一夜的休息，隔天沒有太多的肌肉不適，就代表這樣的運動強度和運動處置是合理且有效的，隔天就能繼續以一樣的強度和處置繼續運動。若是經過一夜的休息，肌肉還是隱隱作痛，就代表運動的強度太強，應該要經過充足的休息再繼續運動，而下次恢復運動習慣時，應該要適度降低強度，以避免肌肉痠痛的問題。在不舒服的情況下又繼續練習，反而會加重不適，應該經過充分的休息，調整強度和運動後的處置，再繼續鍛練。

^{Question} 迷思 **10** ▶ 跑步前應該要盡力拉筋嗎？

　　運動或跑步前拉筋是減少運動傷害的動作！而是否造成肌肉拉傷，關鍵在於拉筋的方法。其實在運動前暖個身，讓身體熱起來之後再伸展拉筋，對肌肉和關節的保護效果很顯著，但要注意拉筋時要避免以彈震的方式伸展，也不宜速度過快地拉伸，並且要時時關注自己柔軟度的極限，就能減少肌肉拉傷的可能，並能有效減少運動傷害。

^{Question} 迷思 **11** ▶ 跑步會磨損軟骨、造成退化性關節炎嗎？

　　這是錯誤的說法！適當的走路、跑步有助關節健康，不僅不會磨損軟骨，反而是幫助膝蓋軟骨新陳代謝。有些人可能也會擔心退化性關節炎，但為了健康培養跑步習慣的人與沒有跑步習慣的人相比，得到退化性關節炎的機率更低。

　　若擔心傷害膝蓋，就要注意跑前的暖身與跑後的伸展，更必須遵循以下原則：參與有強度的運動訓練，有問題、不適或受傷，儘早就醫，先回到運動治療階段。需要有醫師的診斷導向之運動處方，例如在診斷下的核心運動處方，先運動治療，睡眠、日常生活、工作、坐站走、上下樓梯無症狀後，才可以考慮進一步參與有強度的運動訓練，並循序無縫接軌，接受教練的專項基本體能，及專項運動的訓練課表。

結語

　　運動就像健康檢查，我們可以透過身體活動來檢視自己的身體狀況，知道自己哪裡不舒服，再針對不適處做治療及訓練，以回復原本的身體狀況，甚至進一步提升身體活動能力，達到治療、防護、訓練強化的效果。因此在跑步或做任何運動時，只要秉持著「運動像健康檢查」這個觀念，哪裡痛就去解決它，就可以輕鬆破解許多迷思。

4. 跑步的裝備

要投入一個新的運動，不可或缺的步驟就是準備所需的裝備，去一一比價、調查每個裝備的優缺點，像是球類運動要準備球，羽毛球、網球、桌球等運動要準備球拍，多數運動在器材上的花費不小，但跑步相對來說容易許多，只要有適合的鞋、輕便的穿著就可以開始跑步了！

入門跑步很簡單

跑步是很容易就可以參與的運動。對於廣大的民眾來說，跑步有個最大的好處，就是不需要準備特別的器材，只需要一雙舒適、合腳的鞋子，便可以加入這項活動，讓長時間的運動，不會帶來身體不適。

有些人從事跑步有很長一段時間了，會開始注重鞋子的功能，除了舒適與否外，特別著重於鞋子對穩定足關節的效果，在跑步時可以緩衝地面帶來的反作用力，讓長時間投入這個運動時，腳踝不會有太多的負擔，甚至可以達到預防運動傷害的效果，因此一雙專業的跑鞋，對於長時間從事跑步的跑者來說，是不可或缺的裝備。

如果是剛要開始投入這個活動的一般大眾，只要選擇一雙舒適的鞋就可以參與了，並在運動的過程中，慢慢了解自己的身體和習慣，再根據自己的需求，挑選適合的跑步鞋。

　　當有了一雙合適的鞋子後，穿著只要跟著天氣狀況和自己的習慣，適時去調整和選擇，搭配出對自己來說最舒適的穿著，就可以投入這項運動了。在跑步裝備的選擇上，對於初次嘗試的人們來說，舒適是最重要的。

跑步鞋

　　工欲善其事，必先利其器，　雙好的跑步鞋能幫助我們在跑步時更為安全、省力，跑步鞋有什麼樣的特色呢？

1. 鞋底較軟，帶緩衝氣墊，可以方便活動
2. 鞋底形狀的設計比較不容易失去平衡、扭到腳
3. 通常為低筒鞋，可以讓踝關節自由活動

★跑步時一定要穿合腳的鞋，如果穿著不合腳的鞋跑步，腳趾會用更大的力道來抓住地面，以保持平衡，反而會影響到跑步的效果。

做一個精緻的跑者 ///

　　除了衣著上的準備外，在我們每日運動的過程中，根據運動期間的累積，個人體質會逐漸有所改變，像是可以跑得更長、變得比較不喘、心率變化等，但這些改變不是短時間可以體會到的，也很難去檢視數值和成績。因此，當自己養成跑步的習慣後，可以紀錄下自己的成績和改變，來檢視持續運動的成果，這時會需要輔助的穿戴裝置。

　　GPS是現在穿戴器材中非常普遍的功能，通常被整合在攜帶型手錶上，它可以紀錄我們在戶外運動時，移動的路線和總距離，並且準確的計算出花了多少時間在跑步。另外，針對我們很難得知的跑步心跳率、安靜心跳率等等體內的數值，可以即時的顯示在手錶上，讓我們可以隨時掌握身體的狀況。而這些紀錄都會被保存在軟體中，隨時都可以回去檢視和比對，審視我們的身體狀況是否有所改善，是不是有慢慢地進步。

　　現在的科技日益進步，軟體也根據人們的需求有更多的進化及改良。現今甚至還有能監控我們身體機能的軟體，包括身體恢復的控管及分析安靜心跳率的變化等等。因此當我們習慣了跑步，想要長期的投入並適時檢視身體的狀況，了解運動時的相關數值，這些裝備可以作為進階的選擇。

5. 該挑什麼時間地點跑步 + >>>>> ...

跑步是一項極為容易進行的運動，似乎不會受到時間地點的限制，在綠燈倒數時趕著過馬路是跑步、在火車站趕車是跑步，生活中會用到跑步的情況很多，隨時隨地就可能要跑起來，但真的要進行跑步的運動或鍛鍊時，時間、地點的選擇有什麼要注意的呢？

在什麼時間跑步比較好呢？ ///

跑步對身體的影響有分時段嗎？在什麼時間點跑步比較好呢？其實我們在任何時間都可以跑步，每個時段跑步能給身體帶來的好處都不同，晚上下班後、早上上班前、下午太陽將要下山時......，都是可以進行跑步這項活動的，只要配合自己的生活，彈性規劃，不要讓規律跑步成為生活的困擾，任何時間從事這個運動，都是對身體有益的。

如何選擇跑步地點？ ///

跑步是一項很容易進行的運動，只要身體狀況許可，穿上舒適的跑鞋，就可以立刻投入這項運動，因此地點的選擇也格外彈性，開放性的校園、住家旁的公園、河濱自行車道旁的小路和專業的運動場等等，只要是空間許可、環境適當，任何地點都很適合跑步。

不過為了防護身體，在場地的選擇上應要以安全為主，學校的操場是相當適合跑步的地方，大多數的操場、跑道都是PU材質，富有彈性，可以吸震、防滑，降低我們跑步時的衝擊力，在跑步運動時，比較不會受傷。

跑步最安全的場地選擇：操場

操場是最適合跑步的地方，在操場跑步比較不容易受傷。但在操場跑步還是需要注意安全！跑百線或是跑彎道、跑外圈還是內圈、順時針跑或逆時針跑、向前跑或倒著跑等等，這些都是在跑步時很需要注意的地方，每一種跑法所運用到的肌群皆不同，在治療和訓練上，也會有不同的效果。

1. 直線跑步是最簡單，對腳趾、肌肉負擔最小的跑法。

2. 跑內圈彎度越大，對腳趾、肌肉的負擔就越大。

3. 以跑步作為運動治療方式的人要特別注意：請依循醫師建議的跑步方式，不同肌群受傷有不同的注意事項，例如右腳前十字韌帶斷掉，會建議順時針繞跑道跑步，並且以跑直線、繞外圈為主。

#LET'S RUN

Part

2

開始跑步
該注意的事

1. 跑步的姿勢 +》》》》

　　良好的跑步技術和姿勢可以帶給大家什麼好處呢？答案應該是所有跑者都迫切想要知道的。在跑步的過程中維持良好的動作，對於不同跑步階段的跑者來說，可以獲得的好處都有所不同：初階的跑者若時時刻刻注意自己的姿勢，並保持著良好的習慣，可以避免運動時受傷的風險；對中階的跑者來說，良好的跑步姿勢可以幫助自己跑得更輕鬆；對於有著豐富經驗的進階跑者來說，良好的技巧和姿勢，對他們來說好處多多，可以跑得更快、更輕鬆，也可以避免受傷，提升自己的跑步成績。其實跑步技術上的改進，對所有的跑者都有好處，因此養成正確姿勢的習慣以及調整錯誤姿勢是運動時相當重要的關鍵。

　　研究顯示在1970年平均有66%的跑者曾經受傷過，到了2005年受傷的機率上升到85%。在過去的運動課程裡面，學過籃球、排球等球類，通常都會針對動作做分析和教學，也會提供技巧給大家練習，而跑步是大家最常見的運動項目，在技術這方面卻是比較少人接觸過的，導致很多人會用錯誤姿勢跑步，影響到跑步速度或是受傷，因此以下會就跑步的姿勢和技術做說明，教大家怎麼樣正確跑步、改善錯誤姿勢。

正確的跑步姿勢 ▍▍▍

　　達文西曾說：「移動是由支撐失去平衡所造成的重心的位移。」應用在跑步動作上面，移動一般發生在身體重心的改變，而這個重心的力量來自於地球上的地心引力，地心引力讓我們可以穩定的站在地

球的表面上，使我們身體有一個支撐的力量，不會亂動。在重心支撐下，我們得以站穩，當我們的重心偏移，肌肉需要去承受壓力。肌肉能承受的負擔有個最大的範圍，這時如果我們把重心往前移動到前方，破壞平衡，身體就會產生移動。由重心的轉移帶動整個身體移動，所以我們可以利用身體的重心改變產生跑步的動作。

以推門舉例，現在我們要往內施力推門，可以使用的方式有兩種：用身體的肌肉往前推，以及將手放置門把作為支撐，並用身體的重量往前推。可以試想透過身體力量來推門，會是較省力的。因為這個重量是重力給予的，不會耗費過多的肌力導致疲勞，也可以迅速的推開門。所以在運動時，我們避免藉由身體肌肉產生過多的力量負荷，而是可以透過地心引力的重力讓身體產生移動。

當我們知道人體是如何移動之後，以下將介紹跑步動作的姿勢。在跑步前我們可以檢視自己的站姿，先站得穩定再來檢視跑姿，才會是有效且有幫助的。

正確跑姿示範：
魏振展 教授

上肢動作分析

頭部及肩頸的正確動作

　　學者許樹淵在1998年曾提過：頭部為身體的指針。在跑步時，頭部要維持著與雙肩軀幹的自然直線，並向進行方向直視，將身體重心往前帶，以增加移動的效率。在人體的跑步姿勢上，重心會自然落在單腳腳掌上，承受我們身體的所有重量，這時若將頭頂的位置往上移動，使身體挺直拉高呈較高的身體重心，可以減輕下肢的負擔，視線也可以注視前方保持重心位移的平衡。其他細節像是下巴微收、肩頸下顎放鬆、保持呼吸順暢等技巧，都可以使我們頭部維持著比較自然的姿勢，讓跑步的過程更加輕鬆。

頭擺正，使肩頸、脊椎維持一直線

頭部擺正，視線直視前方30m-50m，注意避免過於前傾或歪斜

注意事項：

1. 疲累時頭可能為了呼吸更多空氣而上仰，但請盡量避免，頭往上仰可能造成更多的體力消耗。

2. 肩膀自然擺放，不要圓肩和聳肩，聳肩和頭部前傾會導致烏龜頸，會影響到跑步時的重心，使頭部無法直視前方。

頭部常見錯誤姿勢：

1 下巴抬高　　　　**2** 頭部歪斜　　　　**3** 低頭跑步

肩頸常見錯誤姿勢：

1 圓肩（駝背）　　　　　　　　**2** 聳肩

擺臂的正確動作

擺臂動作是跑步時的輔助動作，維持良好的擺臂動作，可以使跑步動作流暢，提升速度也避免運動傷害。手臂的擺動與腿部是呈左右對稱，當我們抬起左腳時，右手會自然舉起，反之右腳也會帶動左手，這樣的對稱構造可以使身體維持跑步時的平衡。

在擺動時，手臂以肩膀為支點，以直線方向擺臂。手部的動作上，後擺的手臂以手肘作為基準向後拉，前部的手臂以拳頭的方向作為基準往前。特別要注意在往前擺動的時候，不超過身體的中心（以鼻子為基準），保持手臂前、後擺動為直線方向。

擺臂動作的關鍵是維持手臂關節的角度，研究顯示關節角度在30度到90度的範圍裡，對於長距離的運動項目來說，達到省力的效果是最高的，而跑步是以下半身動作為主的運動，所以我們上肢越省力，越能節省我們在跑步上面的體力消耗，獲得較佳的跑步經濟性。

以下整理擺臂要點，請參照下頁的示意圖：

1. 手肘前後擺動，擺動高度不要超過下巴
2. 手肘擺動幅度不要超過身體中心線
3. 手肘彎曲的角度要小於或等於90度

手肘擺動為前後擺動，擺動不要
超過中心線（以鼻子為基準）

手掌擺動不要
超過下巴高度

≦90°

肘彎曲角度要
≦90度，擺臂
的半徑較小，
跑起來會比較
省力、有效率

注意事項：

1. 手肘主動後拉，能增加擺臂的速度，提高跑步時的頻率。
2. 手臂擺動速度決定步頻快慢，擺臂越快、步頻較高。
3. 手肘不左右晃動，身體不過度前傾，以核心支撐，跑步重心才
   會穩定。
4. 由肘關節帶動雙臂擺動。

擺臂種類：被動擺臂和主動擺臂有什麼不一樣？

1. **被動擺臂**：在走路時的自然擺動。一般人走一步手臂會擺動一次，透過腳的位移帶動身體晃動，自然地帶動手臂擺動。

2. **主動擺臂**：跑步加速時，透過雙臂主動出力擺動。跑步時手臂擺動與腳步的比例約1：1，跑步速度越快，擺動的幅度越大，透過手臂的主動用力擺動，帶動身體力量，促使跑步速度增加。例如：立定跳遠時，手臂的準備動作，也是一種主動擺臂。

擺臂常見錯誤姿勢：

❶ 手臂張太開　　❷ 肘彎曲角度過大　　❸ 肘彎曲角度過小

手部的正確動作

手掌輕握拳頭，不要過於用力，想像著在握一顆生雞蛋般的自然與輕柔，來控制手掌的力道，不施力過度，讓跑者用輕鬆的力量，跑出滿意的成績。

拳渦要向著自己

拳頭與前臂平行

注意事項：

1.手部要自然握拳

2.拳渦中留一小縫

手部常見錯誤姿勢：

❶ 握拳過緊

❷ 握拳過鬆

注意事項：

提到搶快，常常會有人用「手刀」這個詞，那麼「手刀」這個姿勢真的能跑得很快嗎？

實際上，手刀跑步並不影響跑步速度，而這樣張開手掌的跑步動作並不利於跑步。

跑步時用力張開手掌，容易增加身體晃動，導致體力消耗。

軀幹的正確動作

軀幹成鉛直線

軀幹成鉛直線

軀幹常見錯誤姿勢：

身體後仰

注意事項：

當跑步跑到疲倦、沒力的時候，身體可能會不自覺向後仰，但這樣錯誤的姿勢影響跑步效率，消耗更多的能量，導致越來越累。

透過以上幾項上肢動作的訣竅，可以提升跑步上的效率，並且維持跑步技術，根據研究顯示，正確的擺動姿勢，除了可以維持跑步動作平衡力量，下肢步伐也能保持穩定，並且提高跑步的步頻及動作的效率。

在2014年有個學者做了研究，將跑步時擺臂的動作分成四個不同位置，第一種是正常的自然擺臂；第二種是把手放在後面跑；第三種雙手擺至胸口；第四種是手臂舉起擺在頭部。結果發現自然擺臂的組別在跑步上消耗的能量較少，並且使用較少的耗氧量來提升跑步的效率。從這個實驗我們可以得知擺臂雖然是輔助跑步的動作，但是它對於提升我們跑步的效率，有很大的影響和幫助。

良好的身體軀幹位置和正確的擺臂姿勢，可以使身體的重心移動變得更輕鬆省力。身體的前傾角度越大，產生的力量就會越大，讓軀幹跟身體保持鉛直線，利用身體重心增加速度，是跑步時的重要關鍵。

★上肢重點整理：

① 眼睛直視前方
② 放鬆肩頸及下顎，頭、頸椎成一直線
③ 手臂前後擺動，高度不要超過下巴
④ 肘彎曲角度要≦90度，擺動不要超過身體中心線
⑤ 軀幹與身體保持鉛直線
⑥ 手掌自然握拳

若上肢動作不正確，可能是下肢影響，如肌力不足或骨骼都會連帶影響到上肢的姿勢。

下肢動作分析

　　跑步的下肢動作是比較多人有爭議的，因為有很多的學者、教練及選手認為跑步是重覆性的動作模式，沒有太多的技巧和姿勢，只要能跑、身體能動即可。不過每個人的身體狀況不同，身體構造也有可能不太一樣，導致每個人的跑步動作略為不同，根據很多的跑步相關書籍，我們可以發現，跑步動作越簡單越好。

　　透過尼古拉斯·S·羅馬諾夫所寫的《跑步，該怎麼跑？》（Pose Method of Running），一書中提到的跑步姿勢，可以了解到下肢動作的技巧。他將下肢動作分成三個技術，關鍵跑姿、支撐前傾以及後腳收起，以下將針對這二個關鍵說明下肢動作。

關鍵跑姿

　　是所有跑步動作的開始跟結束。當我們開始跑步時，身體的重心會完全落在腳掌，這時我們身體的肌肉是承受到最大力量的階段，因此要有一個非常強大的身體力量去支撐住跑步時的動作，並且運用地心引力也就是身體的重心，讓跑步過程中越快回到關鍵跑姿達到的效益越好，也表示重心轉換是快速的，跑步時的效益越佳。

關鍵跑姿的要點如下：

1. 自由站姿
2. 腳跟朝臀部方向往上提
3. 注意膝蓋位置，避免因為抬得太高或沒有抬起而失去平衡

關鍵跑姿的分解動作如下（從最右邊開始）：

⑤ 落下，準備收腿　　　　　**④** 自然落下　　　　　**③** 向前跑

② 身體向前傾　　　　　　**①** 起步

支撐前傾

　　身體前傾的角度跟跑步速度有很大的相關。在跑步時，我們的腳掌與地面會產生摩擦力，同時會製造出一個前傾的角度，前傾的角度越大身體的騰空時間就會越長，跑步速度相對地就會越快。

　　世界紀錄保持者尤塞恩‧博爾特，在100公尺裡可以跑出9秒58的成績，他跑步時的前傾角度是21度，另一位世界紀錄保持者肯納尼薩‧貝克勒，是5000公尺長跑的選手，他在創造世界紀錄當下的跑姿時，前傾角度是17度，可以呼應上述提及的前傾角度越大跑步速度越快。

　　一般優秀的長距離跑者平均前傾角度大概落在17.3度，當我們的前傾角度越大，身體落下的重心與地面造成的反作用力，會造成身體負荷很大，因此也需要提升肌肉量，來適應因提高速度造成的衝擊。

身體前傾，
角度約17度最佳

 後腳收起

　　跑步是由下肢不斷重複的落下跟收腿組成的，而後腳收起的動作，便是提升我們跑步速度的重要關鍵。在跑步時，會希望在後方的腿能盡量快速地回到屁股下方，以迅速做下一次落下的準備。後腳收起的動作對跑步有幾個影響：收起速度會決定腳觸地時間；收起高度會決定步幅的距離；收起力道決定跑步的**垂直振幅**。可以得知後腳收起在整個跑步的過程中，是相當關鍵的動作。

　　在收起完後的下一個動作就會回到關鍵跑姿，前面提及關鍵跑姿是跑步動作的開始跟結束，因此回到關鍵跑姿的速度越快，在跑步動作上的效益就會越高。

垂直振幅

垂直振幅指的是身體重心垂直移動，振幅越大跑步的效率越低。跑步時的垂直振幅在5～8cm最為良好。

後腿快速地回到屁股下方，做下一次跨步的準備

　　綜合剛剛講的三個技巧，下肢姿勢是以簡化、連續性及反覆的原則，來創造出屬於自己跑步的動作，所以在跑步的過程中，關鍵跑姿、前傾還有收起這三個動作能越快做到，並且減少複雜的動作型態，這樣我們在跑步動作上就會越省力、越有效率。

其他常見錯誤 ///

　　嬰兒的大肌肉發展從翻身開始，逐漸學會爬行，再慢慢有力量站起來，最後會走、會跑、會跳。因此跑步似乎是人類的本能，也因為如此人們不會特別注意到自己的姿勢是否正確。

　　長久以錯誤的姿勢奔跑，可能默默地造成運動傷害而沒有發現，也會讓跑步運動更耗時、耗力。跑步時要檢視自己的動作並調整，讓跑步不再是耗費體力、容易受傷的運動。

腿部錯誤姿勢

① 外八　　　　　　　　　② 內八

 過度跨步

過度跨步是最常見的姿勢錯誤，有很多因素都會造成過度跨步，像是身體用力過度、重心偏移和手臂擺動幅度過大等等，跑步是一連串的流暢動作，通常有個動作出錯，就容易導致其他部位也出現錯誤，其中過度跨步是最容易形成，也最常見的姿勢錯誤，對人體的影響也很多。

過度跨步的成因及缺點，可用以下幾點說明：

1 腳後跟著地

用腳跟著地腳步會因此偏離身體的重心，會使腳跟與地面產生作用力，這個力量會和膝蓋、骨頭產生剪應力，跨步越大剪力就越大，骨頭及韌帶就會承受更大的壓力，所以當過度跨步的時候，膝蓋、髖部和踝關節，可能都會發生影響。

2 產生煞車力量，加速度消耗

跨步過大容易讓腳掌產生煞車力量，減低身體加速度的慣性，再加上腳跟先著地才是前腳掌著地，這時會產生兩次落地，衝擊力會使加速度流失，造成我們跑步效率不佳。

3 重心來不及轉換

重心無法快速的轉移，導致腳掌觸地時間拉長，跑步速率也因為摩擦力增加而下降，導致跑步效率降低，也因為腳底的姿勢錯誤，人體的腳掌跟阿基里斯腱無法發揮位能彈性功能，讓跑步的力量下降許多。

★阿基里斯腱：

阿基里斯腱是人體中最強壯的肌腱，位於小腿肌肉至腳跟的連接之處。跑步運動中其主要功能為吸收身體重量著地的衝擊力，以及作用力能量儲存和釋放到跑姿前進的動力上。

當腳掌接觸地面時，雙腳的肌肉和肌腱會像是弓箭拉開的弦一樣伸長，吸收和儲存地面反作用力的衝擊，並將吸收的能量釋放到下肢向前的動力上。

過度跨步的分解圖如下（從最右邊開始）：

★為什麼人比較習慣用腳後跟著地呢？

腳後跟著地的緩衝力道較大，會讓肌肉在我們跑步時感受更為輕鬆，但是相對地速度較慢且關節會受到更大的負擔。

過度跨步時容易變成腳後跟著地

解決過度跨步的方法

① 腳步落下時盡量接近身體下方，不要過度跨開雙腿。

② 以前腳掌著地，利用肌肉減緩衝擊力。

③ 快速轉換身體位移速度，增加動作頻率。

④ 透過快速收起後腿，減少腳掌觸地的時間。

⑤ 下肢放鬆以保持關節的彈性。

　　運用三個跑步姿勢的原則，自然放鬆身體前傾，以重力帶動身體的移動，讓重力的轉移帶動跑步，避免姿勢錯誤導致過度跨步。

前腳掌落地重要性

　　有研究發現跑步時用前腳掌著地，會承受比較大的身體重量負擔，不過這個負擔是來自於肌肉而不是骨頭，所以我們可以練習以前腳掌著地以刺激下肢肌肉，使肌肉的負荷量提升，一開始可能會有些不適應並伴隨著痠痛，但是隨著訓練及不斷的破壞再增生負荷，循序漸進之下，肌肉量會逐漸提升，達到較好的跑步技術的效果。

★前腳掌著地有以下優點：

① 位能彈性作用大
肌肉是有位能彈性的，可以幫助我們落地後儲存能量，產生反作用力。

② 腳底足弓發揮功能
腳底天生有弓起的曲線，這個形狀會讓我們在落地下沉後，產生反彈力量出現反作用力，幫助我們的跑步動作更為流暢。

③ 阿基里斯腱
落地時可以承受收縮跟伸張效果，當我們加壓越大，阿基里斯腱的收縮與伸張就會越大。

　　從上述的幾項我們可以得知，前腳掌著地雖然會讓肌肉的負擔比較大，但是卻可以得到更好的跑步效率。

許多研究也證實過度跨步所造成的運動傷害，尤其是後腳跟著地會產生比較嚴重的傷害，衝擊力相對前腳掌著地高，也可能造成下肢受傷。

總結

長跑是由數千步、數萬步組成的，若每一步盡量都達到最省力的狀態，積沙成塔，就可以得到良好的跑步效率。在跑步的過程裡身體放輕鬆是很重要的，跑步的移動是利用重心，為地球自然提供的力量，只要身體的支撐力量多一點，透過重心的轉移，讓我們肌肉不用過於出力，就可以得到比較省力的效果。

而跑步技術的訓練著重效率，所以我們可以透過前面提到的跑步技術，以良好的跑步姿勢練習，每次跑步10到15秒，中間休息一下，再重複執行，共10到15分鐘即可，過於疲勞的身體跑不出良好的姿勢，所以如果我們要訓練跑步技術和調整姿勢，以輕鬆的訓練為主，或在每次跑步前，把跑步技術作為暖身活動，逐步增進跑步技巧並鍛鍊身體。若要檢視自己的姿勢，可以找一面鏡子或用攝影機來側錄，逐步地改善自己的跑步動作，檢視經過技術的訓練後是否會有所提升。

在運動習慣養成和姿勢調整的道路上，循序漸進和保持耐心是相當重要的，並且一定要維持訓練的一致性，因為初期的運動和技術的鍛鍊，一定會造成肌肉上的疲痛，但是技巧是需要長時間培養的，所以要盡量維持一致的良好跑步動作及持續訓練的習慣，不要因為疲痛就放棄，相信在長久的訓練下，跑步效率一定會越來越好。除了優異的跑步技術外，還需要搭配良好的肌力跟體能相互配合、相輔相成，以達到最高的跑步效益。

2. 跑步訓練：強度調配 +》》》

　　無論從事何種運動，掌握正確、適當的強度是相當重要的。使用過高的強度容易造成運動傷害。相反的，以過低的強度進行運動則可能讓自己花費大量的時間而無法獲得運動產生的效益。如何選擇適合自己的運動強度，適時根據自己身體狀況做調配，再搭配足夠的運動量，是從事運動訓練活動時很重要的關鍵。

運動量的選擇 ///

　　對於跑者，衡量自己的跑步能力和分配運動強度是相當重要的，但是我們怎麼樣可以來衡量自己的跑步能力，甚至提升自己的能力呢？這時，「量」的選擇對於剛投入跑步的跑者就格外重要。

　　量的選擇包含了距離及時間。距離指的是運動時跑得多遠；時間指的是跑得多久，掌握這兩個要點，對於剛接觸跑步的跑者，能彈性的調配自己運動的「量」，並且從中掌握自己的跑步能力，繼而慢慢地增加運動量。這是在開始加入跑步運動時首先要建立的概念。

運動強度的決定 ///

　　決定自己的運動強度，是準備開始運動前不可或缺的步驟。運動強度指的是要讓自己的身體獲得多大強度的刺激。從事任何運動，

都會對身體產生一定程度的刺激，經過一段時間後，身體適應此一刺激，也就是所謂的運動效果（身體能力改善）。

在運動訓練科學領域中較常被使用的運動強度指標包括：最大攝氧量（VO$_2$max）、攝氧量峰值（VO$_2$peak）、最大心跳率（HRmax）和最大功率（Wmax）、最大速度（Vmax）以及第一和第二乳酸閾值（LT1 和 LT2）等。這些運動強度的獲得大部分需要使用特殊儀器或器材，並且在經過訓練的研究人員操作下才能獲得正確可信的數據，其中我們最常聽到也最容易獲得的強度指標要算是最大心跳率了。

心跳率是一個立即且有效的參考指標，幫助我們衡量與監控運動強度，並且目前市面上非常容易取得監控個人心跳率的穿戴裝置。要透過心跳率來判斷運動強度，首先需要獲得個人的最大心跳率數值，計算出自己的最大心跳率後，再跟著不同的百分比強度進行訓練，將可以有效的改善身體能力。以下將針對不同強度做說明。

80 bpm

最大心跳率 = 220 － 目前年齡

🏃 低運動強度

此強度介於最大心跳率的**50%**至**60%**，這樣的刺激強度是比較低的，對於過去沒有運動習慣，剛要開始參與運動的人來說，是一個相對安全的起始強度，配合進行比較長的時間的快走至慢跑活動，可以讓運動者順利、安全地進入跑步健身運動的行列。

舉例說明：

一個之前沒有跑步習慣的20歲年輕人，現在要開始跑步，那要怎麼計算他的低運動強度呢？

首先要先算出他的最大心跳率：220-20=200 再算出他在低強度的運動下，預計達到的心跳率：200×50%=100；200×60%=120

可以得知他若要達到此運動強度，就要讓心跳率介於每分鐘100下至120下，大概是比快步走再快一點的強度，需要進行比較長時間快走，才能達到效果。

輕等運動強度

強度大致介於60%到70%的最大心跳率，對於全身系統性心肺循環機能的提升有幫助，可以增加我們的基礎心肺耐力。

中等運動強度

這個等級的運動強度，傾向是訓練到心肺耐力的強度，心跳率大致是到達最大心跳率的70%至80%，會促進身體的有氧及耐力的身體體適能，因此這個訓練強度是最普遍被大家所採用，適於進行長時間、長距離和持續性的運動強度，效果現在也是公認最好的。

高等運動強度

是屬於會讓人感覺到累的運動強度，運動強度會在最大心跳率80%到90%之間，身體的疲累狀況與前面的強度相比，會非常明顯地感受到喘、疲憊，尤其是在跑步這項運動中，喘氣的現象會非常明顯。這樣的訓練強度可以促進我們快速的發展身體及心肺的耐力。

若是有要突破自己跑步的紀錄，像是縮短跑3千公尺、5千公尺甚至10公里時所需的時間，那在長跑這項運動當中，會需要開始加入這樣的強度去訓練，來培養心肺耐力和身體能力。

最高運動強度

　　這階段是最高的強度，強度已經達到將近最大心跳率，大概是90%至100%的區間。這樣的強度心跳率的表現上，身體的喘息狀況會非常的明顯，並且會感覺非常非常累，因此這種強度的運動，持續的時間不會太久。主要是為了發展我們在快速度下的持續能力，這樣高強度的心肺耐力體適能，進行的速度非常的快，所以對一般人來說，幾乎不需要做到這樣程度的強度訓練，但是如果是為了突破自己，不斷要更新自己的成績的話，這種訓練強度是有效且需要的。

速度判斷運動強度 ///

　　透過心跳率可以檢視我們在運動時的強度，若是有經驗的跑者，像是從事此活動有一段時間，並且在系統性、持續性強度監控下進行跑步訓練的人，他們就會比較有辦法控制自己跑步的速度。以5分速跑為例，意思是指用5分鐘的時間完成1公里的這個速度。以標準的田徑場、國際比賽田徑場內圈來換算的話，即是每2分鐘跑400公尺一圈，用這個概念去換算，可以用來決定跑步運動的強度。如要提升到用4分鐘的時間完成1公里，速度加快、身體更加疲憊，相對的我們的運動強度也因此提升。

自覺運動強度量表 ///

　　上述的方式像是心跳率和跑步速度，都需要穿戴裝置的協助，才可以及時反應出身體的數值或速度，如果沒有相關的裝備，可以透過自覺運動強度量表來判斷。它是被證明為非常有效的參考依據，是透過身體疲憊程度的自我感受對應出相對的強度。

自覺運動強度		訓練重點	最大心跳率
強度 1～3	輕運動強度 運動可以持續一段時間，並且能正常的對話不會覺得喘。	• 基礎耐力 • 有氧運動 • 動態恢復	50%-60%
強度 4～6	中運動強度 運動可以持續一段時間，開始感覺到喘，但能與他人交談。	• 鍛鍊持久力 • 運動節奏	60%-75%
強度 7～8	中高運動強度 開始會感到疲憊和不適，呼吸急促，只能説短句。	• 無氧能量系統比例明顯增加 • 提升臨界點	75%-85%
強度 9	高運動強度 很難長時間的維持這樣的強度，呼吸會相當急促，幾乎沒有辦法説任何一個詞。	• 最大心跳率 • 速度	85%-95%
強度 10	最大運動強度 以此強度運動持續的時間不長，難以呼吸和喘息，沒有辦法説話。	• 全身神經和肌肉 • 力量	90%-100%

＊資料來源：Foster, C. et al. (2001). The Journal of Strength & Conditioning Research, 15(1), 109-115.; Dantas, J. L. et al. (2015). The Journal of Strength & Conditioning Research, 29(2), 315-320.

1 強度1

是相當輕度的運動，跑步的感覺是非常輕鬆的，大概是比散步稍快一點，但是需要長時間持續的活動，才會有效果。

2 強度2至3

輕度活動，是非常基礎的有氧耐力訓練的強度，以跑步為例，大概是慢跑的程度，並且是可以輕鬆的跟旁邊的好朋友們愉快聊天，一邊持續運動，不至於太喘。在這個強度之下我們可以獲得基礎有氧耐力的提升。

3 強度4至6

屬於中等運動強度，此強度可以有效地提升我們身體的有氧耐力。以跑步為例，感受大概是跑步時隨著強度的增加，過程中可以順利地喘氣，勉強地跟旁邊的好友，說出一句簡短的句子，但是長句的話會有些困難，因為要持續地喘氣、調整呼吸。這樣的強度下，已經開始進入到訓練有氧耐力的強度。

4 強度7至8

在這個強度基本上是沒有辦法跟旁邊的人進行對談，在這強度下會比較明顯感覺到身體要需要積極的呼吸交換，心跳也比較明顯。

5 強度9至10

到達強度9，我們會發現已經非常喘了，這程度已經進入到速度耐力的訓練區間，屬於最高等級的強度。9到10這樣的強度，在進行跑步時，會感覺到我們現在的身體，會非常非常疲累，持續的時間也不能太久。

總結 ///

　　在有穿戴裝置的情況下,我們可以透過速度和心跳率,衡量運動的強度,而強度1到10的量表,可以幫助我們在沒有任何的穿戴裝置、沒有碼表去記錄跑步速度的狀況下,讓我們用身體的感覺和表現去進行運動,判斷和監控運動的強度,使我們可以了解自己的身體狀況及程度,達到訓練和強健身體的效果。

3. 跑步訓練：
跑步菜單處方箋

當我們開始投入跑步這項運動時，該怎麼樣去決定今天跑步的訓練和方法呢？要怎麼實施屬於自己的訓練課表內容和方法呢？我們可以透過以下的幾個方法，試著安排適合自己的課表，決定自己每日的訓練內容。

長距離的持續跑

從字面上來看，就是跑步時進行比較長的距離和時間，訓練的方式是中間不休息，從開始到最後，中間是不間斷的，可以說是長距離的持續跑。以訓練強度來說，期望到達最大心跳率60%到80%。以跑步的速度來看的話，大概低於我們實際上最佳成績，因為是需要長時間的跑步，因此速度降低，時間拉長，讓跑步可以持續得更久。

要評估長距離持續跑的強度，主要是期望最大心跳率能達到60%到80%，這個範圍其實是非常的大，所以我們要對應前面幾個參考強度的指標，也可以根據我們參與這項運動的時間以及個人的能力，來決定進行的訓練強度大小。根據最大心跳率來決定持續的時間，從45分鐘到120分鐘不等，主要以個人的最大心跳率作為判斷的指標。如果我今天的訓練強度是比較高、比較累的，那持續的時間或跑的距離，相對就會縮短；若今日練習的強度比較低，那會需要比較長時間的持續運動，讓身體獲得足夠的刺激和鍛鍊。

　　這個訓練的進行是連續的，中途不休息，除了短暫的停下來補充水份外，不會安排休息時間進入這個課表，即使不休息，還是要時時刻刻短暫的停留補充水分，然後再立即繼續跑步訓練。另外，如果身體有任何不適，就要立即停止。雖然我們設定的跑步距離和跑步的時間是比較長的，但如果發生不舒服的時候，立即的休息停止是很重要的，才不會造成身體的負擔。

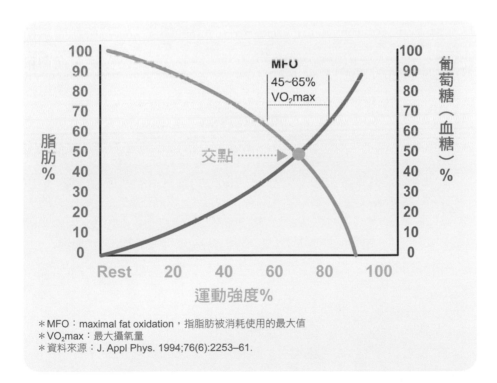

＊MFO：maximal fat oxidation，指脂肪被消耗使用的最大值
＊VO$_2$max：最大攝氧量
＊資料來源：J. Appl Phys. 1994;76(6):2253–61.

　　這個訓練的發展是為了建立基礎的有氧耐力，以及提高脂肪做為能量供應來源燃料的比率。以圖表可以很清楚的理解訓練的重點。左邊的縱軸，紅色的部份是指脂肪使用的百分比，藍色的部分是葡萄糖也就是血糖的百分比，強度的對應是越往右邊強度越高。這個表格表示如果說我們的身體參與運動的強度越高，身體提供的養分，會越偏

向右，也就是以葡萄糖做為燃料的來源；如果說強度越偏向左邊，強度越低的時候，是以脂肪做為燃料的來源。

因此兩條曲線會有一個交叉的點，這個點會根據我們個人的有氧耐力、體適能狀況作一些改變，例如我的體適能狀況相對來說是比較弱的，這個點就會往左移，位在比較低強度的位置，身體就會以脂肪供應，經過訓練之後，交點會往右移，使人們可以用更快的速度跑步，此時身體會用葡萄糖來做為主要的能量供應來源。我們要讓自己透過低強度、長時間的跑步、長時間的運動，來讓我們的身體以脂肪作為能量來源的比率持續提高。

舉例說明：

我們以一個例子來說明如何運用這樣的訓練方式，幫一位30歲的跑者設定運動課表內容。首先我們可以知道他的最大心跳率為：
220-30=190下／分

若是他要以最大心跳率70%的強度跑步，心跳就要達到：
190×70%=133下／分，用這樣的訓練強度持續進行60分鐘的跑步。

＊長距離持續跑的強度從60%到80%不等可以作調整，持續跑步的時間從45分鐘到120分鐘也可以根據自己實際的狀況去做設定。

持續的節奏跑 ///

此訓練的強度要達80%～90%的最大心跳率，跟前一項相比，可以發現此訓練的強度，相對來說是比較高的，因此訓練時間就會比較短一點，時間設定大概是20到30分鐘，是持續且連續的進行。這項

訓練的主要目的是發展比賽的節奏，也就是說用什麼樣的速度去跑。這個訓練會逐漸提高我們的乳酸閾值，會讓我們跑步的速度越來越快，仍然是以有氧做為能量供應的主要來源，因為我讓有氧持續的速度跟持續的時間增加了，因此逐漸延緩跑步的疲勞發生，疲勞產生的時間就會向後延長。記得訓練中都一定要適當的進行水份的補充。

間歇節奏跑

　　強度的選擇跟持續節奏跑一樣，範圍是80%到90%的最大心跳率，但是持續的時間大致為3到5分鐘，與持續節奏跑相比縮短非常的多，最重要的原因是因為選擇間歇節奏跑的話，訓練強度較高，所以持續的時間相對會比較短。中間會穿插休息，跑步的時間跟休息的比例大概是2比1，休息的時間較短。訓練發展的目的跟持續節奏跑是一樣的。

舉例說明：

如果今天以速度來選擇運動的強度，選擇以5分速（用5分鐘的時間完成1公里的跑步）來跑800公尺，就需要用到4分鐘，那中間的間歇休息就會是2分鐘，以維持運動和休息2：1的比率。在休息後，要再度進行800公尺的跑步，這樣的持續進行重覆進行7次，以達成訓練的課表。

高強度間歇跑 ///

選擇4分速來跑400公尺，可以明顯感覺到比5分速快速許多，強度也因此提升。舉例來説，用4分速的強度跑400公尺，每跑後休息96秒，休息後再次以4分速的強度完成400公尺，反覆進行10次。這樣的訓練跑步的時間跟休息的比例大約是1：1，提供身體足夠的恢復時間。

衝刺跑 ///

衝刺跑是為了提高我們跑步的最高速度跟跑步的步頻，同時也可以改善跑步效率。這個訓練課表內容對於一般以健康體適能為主要目的人來説，與前面提到的高強度間歇跑，兩者是可以不列入在我們平常運動的課表範圍之內，因為它們對身體的刺激是比較高的。

衝刺跑顧名思義是使用全力去衝刺而產生的速度，由於運動的時間非常的短，因此在這個訓練方式中，不以心跳率作為強度監控的指標，會用時間來判斷運動強度跟進行的量。

若衝刺的時間介於10秒到30秒，那休息的時間比率就要拉長，舉例來説，我們用接近全速的速度來跑20秒，跑了20秒之後間歇休息120秒，休息之後再一次進行20秒的衝刺，反覆進行10次。透過這樣重複的訓練，來提升我們的跑步速度和步頻，同時改善我們的跑步效率，對於要突破自己的跑步成績來説，是一個非常重要且有效的訓練內容。

恢復跑 ///

　　恢復跑的訓練強度非常的輕鬆，範圍很廣，強度介於最大心跳率的50%開始到70%，持續的時間大致為15～45分鐘。這個方式主要是讓我們建立跑步的習慣並舒緩身體的疲憊。

　　一般剛進行跑步還沒有太習慣時，大概會規劃一個禮拜從事跑步3天左右，有人甚至一個禮拜會跑5天以上，根據每個人的生活形態有不同的調整。在養成跑步習慣的這個過程中，剛剛提及的訓練方式有不同的強度，在實施上會對身體造成程度不一的疲憊感，這時就很適合在其中安排恢復跑這樣的訓練內容，讓我們的身體得以緩解之前訓練累積的疲勞，仍然可以進行動態模式，使身體可以維持運動的習慣，一邊休息一邊鍛鍊，所以可以讓身體恢復得更好。

4. 跑步訓練：
肌力訓練 +》》》》

在跑步的時候，肌肉的能力相當重要，可以讓我們跑得更遠，並且避免造成肌肉損傷，因此以下將介紹幾個可以強化肌力的運動，讓我們得以鍛鍊肌肉，使跑步能力有所提升，減少受傷的可能性。

肌力訓練好幫手——啞鈴

在進行肌力訓練的時候，可以使用啞鈴來增加負重，增強訓練的效果。啞鈴可以訓練二頭肌，二頭肌正是跑步時擺動雙手會使用到的肌肉，增強二頭肌的肌力有助於跑步。

啞鈴的重量因人而異，以不會帶來太大的負擔為主，初學者也可以先使用1公斤重左右的水瓶來進行訓練，待身體習慣這樣的重量後，再逐漸增加重量，加強訓練的效果。

肌力訓練示範：劉德智 教授

棒式（Plank）

初階
棒式

注意事項：

1. 從肩胛頸開始至背部往後延伸呈現　直線。
2. 雙腳自然寬度撐地，若雙腳合併會更難。
3. 腹部上提、用力，讓身體維持直線。
4. 手臂跟軀幹要維持90度。
5. 維持姿勢30秒。

進階
棒式

注意事項：

手臂伸直垂直身體。

 深蹲（**Squat**）

Step 1

自然站立，雙手抱胸

Step 2

往下坐

膝關節的位置
不要往前超出
腳尖太多

與肩同寬

注意事項：

1. 雙腳打開與肩同寬腳尖朝前，可以微微地向外展。
2. 上半身維持直接往下坐。
3. 背部不要放鬆，身體不要前傾，要維持較緊繃的狀態。
4. 特別要注意膝關節的位置不要往前超出腳尖太多。

前跨步（Forward Lunges）

初階
前跨步

Step 1
雙手插腰，
自然站立

Step 2
跨出右腳並下蹲

Step3

下蹲直到
膝蓋接近地面

90°

Step4

恢復站姿，
換腳再來一次

注意事項：

1. 右腳先往前跨步，然後下蹲，前腳膝蓋垂直，後腳不一定要貼地。

2. 維持上半身的穩定。

3. 回到正常姿勢後換腳。

4. 特別注意上半身不能前後左右晃動。

5. 雙腳交替。

Step 1

雙手各拿一個啞鈴，自然站立

進階
前跨步

Step 2

雙手將啞鈴高舉過頭

Step 3

跨出右腳並下蹲，直到膝蓋接近地面

注意事項：

1. 兩手各加上啞鈴，增加下半身的負重。
2. 配合啞鈴，右腳跨步。
3. 確保維持上半身的穩定。

側跨步（Side Lunges）

Step 1

雙手抱胸，
雙腳打開

Step 2

右腳往下蹲，
左腳伸直下壓

10秒

Step 3

恢復站姿

Step 4

左腳往下蹲，
右腳伸直下壓

注意事項：

1. 呈站姿，雙腳打開。
2. 右腳往下蹲，左腳伸直下壓。
3. 回到中心後再換另一邊。
4. 上半身要維持穩定，盡量蹲坐得越低越好。

 橋式（Bridge）

Step 1

平躺在地，膝蓋彎曲

Step 2

手撐地，腹部上提不碰地，身體軀幹成直線

30秒

注意事項：

1. 平躺在地面上，手撐地，膝蓋彎曲。　　3. 身體軀幹呈一直線。

2. 用背部力量收縮讓腹部往上提。　　　4. 維持30秒。

Step 1

平躺在地，膝蓋彎曲

進階
橋式

Step 2

雙手抱胸並抬高腹部，
緩緩舉起左腳並打直

15秒

注意事項：

1. 用單腳來做支撐。

2. 雙手抱胸並抬高腹部。

3. 維持15秒左右再換邊。

＊支撐點少，難度增加

🏃 二頭肌捲舉（Biceps Curl）

　　在跑步時，身體自然的擺動，這時的二頭肌是有作用的，因此這個動作可以鍛鍊二頭肌，讓我們在跑步時的擺動更加穩定，減少受傷的可能性。

Step 1

雙手拿起啞鈴，
自然站立

Step 2

雙手舉起啞鈴

Step 3

啞鈴舉至靠近
身體的位置

注意事項：

1. 重複著Step2、Step3 將啞鈴舉起來、放下的動作。
2. 注意肩關節固定不動，只透過肘關節運動，帶動肌肉。
3. 不可擺動手臂。

手臂前平舉（**Front Raise**）

Step 1
雙手拿起啞鈴，
自然站立

Step 2
單手平舉啞鈴，
手臂打直

注意事項：

1. 單手拿啞鈴，平舉停住再放下。
2. 運動到肩關節肌肉。
3. 上半身其它部位維持不動。
4. 雙手輪流動作。

屈膝划船（**Bent-Over Row**）

Step 1

雙手拿起啞鈴，
自然站立

Step 2

膝蓋微彎，身體前傾

Step 3

雙肘向後拉，
提起啞鈴

注意事項：

1. 膝關節微彎，身體前傾。
2. 維持重複Step2、Step3這個
   姿勢的穩定。
3. 雙肘向後拉做划船動作。
4. 注意肘關節不要向外，要直
   線向後擺動。

 肩部上舉（**Overhead Press**）

Step 1

雙手拿起啞鈴，
雙腳與肩同寬

Step 2

雙手舉起啞鈴

注意事項：

1. 雙腳打開與肩同寬。
2. 肩膀施力重複Step2、Step3將
   啞鈴往上舉、放下。
3. 要避免用下肢的力量去協助克服
   上半身晃動，只用肩膀施力。

Step 3

啞鈴高舉過肩

 仰臥左右擺腿（**Windshield Wipers**）

Step 1

平躺在地，
雙手平舉，
屈起雙腳

Step

抬起雙腳，準備擺動

Step 3

將雙腳向左擺動

Step4
抬起雙腳，回到中間位置

Step5
雙腳向右擺動

注意事項：

1. 平躺後，雙手平舉撐地，舉起雙腳。
2. 使用腹部肌群，左右擺動雙腳。
3. 肩關節、上半身盡量要維持不動，僅用腹肌力量完成左右擺動，可以鍛鍊腰和核心肌群。
＊雙腳不碰地比碰地難度更大。

超人式（**Superman**）

Step 1

雙手及雙腳撐地

Step 2

平舉右手及左腳，身體呈一直線

30秒

Step3

回到先前的動作，
雙手及雙腳撐地

30秒

Step4

平舉左手及右腳，身體呈一直線

注意事項：

1. 雙手及雙腳撐地，趴在地上。
2. 平舉手和腳，身體呈一直線，右手搭配左腳；左手搭配右腳。
3. 要注意髖關節的平衡。
4. 每一側大概維持30秒鐘。

 開合跳（**Jumping Jacks**）

　　開合跳及接下來的動作目的都是使跑者跑得更快，是從事跑步運動的人不能不做的肌力訓練，動作特性大部份都以快速完成，是屬於爆發力運動。

Step 1
自然站立

Step 2
跳起時，雙手打開

Step 3
落地時，雙手指尖相碰

Step4

再一次跳起，手平舉，
準備回到先前的動作

Step5

落地，回到
原先的動作

注意事項：

1. 跳開腿時，雙手伸直舉過頭；合腿時，雙手貼齊大腿外側。
2. 主要訓練動態的爆發性。
3. 要注意腳在開合蹬地的動作，速度是快的，才能鍛鍊爆發力。

高抬腿（High Knees）

　　跑步時的瞬間爆發力和肌耐力相當重要，我們可以透過這個訓練提升腿的速度和力量，增加我們跑步時的動態動作，繼而讓速度提升。

Step 1
自然站立

Step 2
雙手平舉，高抬左腿，
膝蓋要碰到手掌

Step3

雙手平舉，高抬右腿，
膝蓋要碰到手掌

注意事項：

1. 模擬跑步時的抬腿和落地蹬腿，但將動作幅度抬高。
2. 將雙手平舉作為輔助，讓高抬腿時膝蓋可以碰到手。

弓箭步交互跳（Jumping Lunges）

Step 1

右腳前跨，左膝
蓋碰地，擺出弓
箭步的姿勢

Step 2

往上跳躍

Step3
跳起時換腳

Step4
落地時改為左腳前跨，
右膝蓋碰地

注意事項：

1. 結合前面介紹過的前跨步。
2. 右腳前跨，跳起後落地前換左腳前跨，往上跳躍。
3. 上半身保持穩定。
4. 雙腳前跨距離要維持，腳要穩定。
5. 起跳爆發力力量要大。

 舉踵（Heel Ups）

初階
舉踵

Step 1

自然站立

Step 2

踮起雙腳腳尖

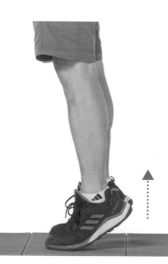

注意事項：

把腳後跟立起來，10～15次為一組。

Step 1

自然站立，雙手抱胸

進階
舉踵

Step 2

抬起一隻腳

Step 3

一隻腳抬起，
另一隻腳踮起腳尖

注意事項：

雙腳輪流進行。

登山者（Climbers）

　　這個動作除了能提高全身在動態時的協調，也會增加局部的肌力，並且透過蹬地的動作，讓腿的速度和力量得以提升，使我們跑步的動態動作增加。

Step 1

雙手撐地，雙膝不碰地

Step 2

左腳往前提，如向前跑步一般

Step 3

右腳往前提，雙腳交替

注意事項：

1. 雙手撐地趴伏在平地。
2. 雙腳左右交替往前提。
3. 穩住上半身不要晃動。
4. 膝關節盡量往前伸，腿要抬高。

側棒式抬腿（**Side Plank with Leg Lift**）

Step 1
手肘撐地側躺，
腰部不碰地

Step 2
抬起一隻腳，
兩側輪流

注意事項：

1. 手肘撐地側躺。
2. 利用側面腹部軀幹的力量抬腿。
3. 重複舉起放下，鍛鍊腹肌和腿的力量。
4. 維持軀幹的穩定相當重要。

總結 ‖

　　希望透過這些運動，能夠有效的提升肌力，讓我們在跑步時，肌肉不會容易受傷，並且增加我們的瞬間爆發力，提高跑步時的速度。大家可以根據自己的需求，去做調整及運用，使身體變得越來越健康。

5. 長跑運動防護訓練：
負荷管理操作方法

負荷管理的涵義

在討論負荷管理的涵義之前，我們要先問一個問題：當我們把桌上的麵包吃掉之後，麵包之後還會越來越多嗎？

答案當然是「不會」。麵包不會自動變多，若要變多，就要透過購買麵包來補足，這中間需要一段時間差。同理，人的身體在激烈運動之後感到疲累，也需要透過足夠的休息來恢復。

這個道理每個運動員或教練都懂，但由於競賽或成績壓力的關係，運動員或教練常常有意無意地忽略了。生物體為了維持體內「恆定性」，有種消耗後產生自體補償的機制，以確保生命個體的存續能力。運動訓練上的超補償原理，正是依據此生物自然律而運作的現象。

右圖是運動訓練上超補償原理的流程：

超補償原理的流程

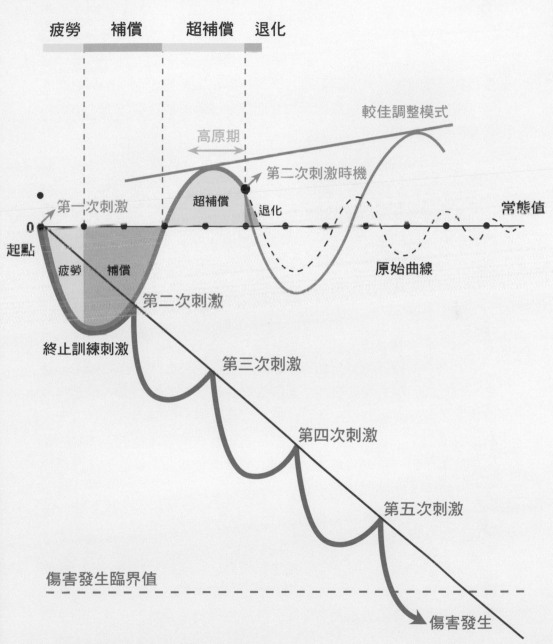

補償階段

從疲憊恢復到元氣十足，再從體力滿滿消耗能量到感覺疲累，這是生物自然律。我們投入一個訓練一定會造成身體的消耗和疲勞，當疲憊到一個程度，就會需要長時間的休息來回復體力，可能經過吃東西、睡覺的過程，這時我們體力會回復，狀態慢慢地會回復，這樣的過程稱為補償階段。

補償階段需要足夠的時間，也許8個小時、12個小時或24小時，甚至可能會像肌肉訓練產生的肌肉痠痛，要花到3天的時間，能量填補與組織結構修復才有辦法恢復到超過常態的水平。如果有缺乏訓練經驗的人，身體用7天來恢復這一次的訓練負荷也是有可能的，所以根據每個人的體質、新陳代謝的狀況不同，恢復的時間因人而異，不過這都可以透過後天的訓練慢慢改善。

超補償的高原期

在補償階段回補到一個程度之後，會超過這個人最起始的生理狀態，超補償的現象開始發生。超補償發生後隨著時間繼續往前走，身體會進入比較好的狀態，而且這個狀態會維持一段時間大約1～2天，稱之為高原期，是狀態最好的時期。當然我們的日常生活、後續的運動訓練等活動，都是會慢慢消耗我們的體力和能量，能量會因此再次滑降，循環就會周而復始。

休息不足會導致運動傷害

如果我們因為鍛鍊耗盡了能量與體力，什麼時候能進行下一次的訓練呢？因此判斷下一次的訓練時間是相當重要的，若沒有先好好休息，讓疲憊的身體進到補償階段，充足恢復能量至常態水平，而是選

擇在體力稍微回升時就投入訓練，會導致能量再次下滑，持續的能量下滑，多次的反覆滑降會讓疲勞不斷累積，下滑到一個程度後，就會超過這個人體能夠承載的負荷量，導致傷害的出現，起初可能是沒有明顯結構性的慢性傷害，逐漸累積成壓力性骨折、骨膜炎等明顯的損傷。因此投入下次訓練的時間點是相當重要的，除了讓身體有充足時間恢復體力，另一方面也保護自己免於運動傷害和過於疲憊的狀況。

我們知道在充足的休息後，再投入下次運動是更好的選擇，這也是依循著超補償的原則。當我們在超補償階段能量高峰時投入下次運動，能量同樣會下滑，但下滑的幅度有限，這時我們若進入到休息階段，能量恢復的高峰就會超過原本的高原期，這就是超補償的原理。如此反覆經過好幾個周期，能量逐漸提升，高原期擴大，可以得到好的身體基礎，去累積、加成身體最佳的狀態跟表現，便能使我們身體產生變化，慢慢累積達到所要獲得的效果。

運動負荷量管理的共通基本精神

運動防護的負荷管理是否能發揮效用，取決於訓練與管理是否有一致的共識，「管理深度」是否能達成：「一體系 THE SYSTEAM」的通盤考量，以運動員的身體狀況來作為訓練與競賽進取或轉退的依據。

運動防護與運動負荷量管理的共通基本精神，原本就是超前佈署的立場或希望能預測未來可能的「健康景氣」，因此對於運動員和教練，在心態立場上常有矛盾掙扎是必然的情形，只是在安排各種的防護訓練與恢復工作上，若是缺乏一個綜觀的觀點來彙串和連結，反而可能讓訓練計畫的安排過度緊繃，也難以適切地安排時間與流程。所以本篇分享以負荷管理的立場，來定義與定位各式樣的防護工作，加強說明「健康景氣」的邏輯。

負荷管理：訓管合一的概念 ///

　　訓練方式根據時代的變化，逐漸會發展、改變成適合每個人的方式，因此管理就格外重要，如何設計出適合這個人的訓練，讓訓練發揮效用，是訓練跟管理合一（訓管合一）重要的地方。

負荷不足

　　可以理解成過於輕鬆，身體的負荷量完全足以承受。以運動員為例，有時候某些運動的休季期間，選手需要好好的休息，可是在訓練的角度上，也不能讓他全然的停止活動，所以這時可以做一些教育訓練的工作，結合在他休季當中的身體訓練，身體訓練若佔了大多數的時間會消耗大多精力，以至於沒有辦法好好準備戰術的分析和研究。因此情報蒐集和分析這些內容，可以安排在負荷不足的階段時期實施。

負荷相當

　　安排的訓練和個人身體的程度相當，這時候要注意讓資源有效的運用，做好時間管理，讓訓練是有效率的。舉例來說，若因為昨天晚上沒睡好，也就是睡眠這項資源沒有管控好，導致今日的訓練效果大打折扣，不只在訓練表現，也連帶的會影響到後續幾天的課程安排。因此在負荷相當的狀態之下，自我管理是相當重要的。

負荷超量

　　代表著現在的訓練量超過身體能夠負荷的容量，這時就要好好地去做減量調節，根據身體狀態做課程內容的調整。

負荷管理：國王應穿上的新衣

在寓言故事中，國王被裁縫師的話術哄騙，誤以為不存在的新衣是只有聰明人才能看見的新潮服飾，最終落得驚世詐騙。而現階段的運動科學也有相似的情況，可以統整為兩個特別現象：

1 最新的工具

現今的運動相關的資訊與工具呈現爆炸式的成長，新的技術除了昭告天下自己的獨特性之餘，更致力於展現能達到「出眾」的運動安全與表現，舉凡提出「如何能訓練更多？」、「如何更聰明的訓練？」、「如何用新工具？」、「以前哪裡可以再修正改善？」的文章或影片，無不受到歡迎與矚目。

2 挑戰前人的做法

只是這些資訊與工具，有誰能真正地全部消化運用呢？又有誰能全盤操弄自如呢？昨天有效的方法今天就全面失效了嗎？國王應該穿上的新衣，不一定要是新流行的款式，畢竟不是時尚模特兒，國王的新衣應該也可以是用「好的材質做的經典款式」即可。

負荷管理的概念，正是要將原有的運動科學工具，在「訓管合一」的目標上將其組建在共同的科學原理之上，使運動員的能力有效率正確的被使用，進者得以提升成績、守者得以確保健康品質。

訓練排課的選擇

訓練排課的可能性選擇，可說是一種「霍布森選擇效應」表現，也就是「假選擇、真控制」。

這個效應對「創造力教育學習課題」來說不是個好現象，但是對

於身體的運動訓練和安全防護而言卻正是如此。因為身體的生理先天條件並沒有那麼大的創造空間，運動員必須面對現實、讓教練回歸選材訓材的本質，先誠懇地認識清楚身體的天花板、現狀發展達到哪個座標位置上？才更能適切的切入正確漸進負荷規劃，隨著逐期增能發展之後，再進入些微「超負荷」的調控。

霍布森選擇效應

在西元1631年，從事馬匹生意的英國劍橋商人霍布森，以他販賣的馬便宜而且選擇多樣作為噱頭吸引客人，但實際上馬圈只有一個小小的門，高大的駿馬無法離開馬圈，只有瘦小的馬能夠離開。同時霍布森只允許人們在馬圈的出口處選馬，來訪的客人即使東挑西選，也只能挑到瘦小的馬。這一個故事便被引申為「霍布森選擇效應」，意思是說一個問題看似有很多選擇，但實際上沒有選擇。

運動負荷管理的基本方法 ///

運動負荷管理有幾個基本方法：資訊管理、鬆筋措施、能量回填、強化訓練以及知能回饋，以下逐一説明。

資訊管理

透過將自身狀況量化，每日記錄、檢視，來管理自己的負荷量，利用問卷資源雙向（客觀、主觀）探測可能遭遇或已經走入的傷危狀態，藉此檢視訓練與防傷工作計畫的適切性。

可以使用的量表有：長跑訓練運動防護安全問卷、每日參與訓練自覺量表。（請見第137~143頁）

鬆筋措施

放鬆筋骨不僅是暖身預防運動傷害，也能舒緩在訓練後過於緊繃的肌肉和筋骨。可分為靜態伸展與動態伸展，於第146~184頁有各種動作的圖解與説明。

除了藉由動作來放鬆筋骨，亦可透過不同的方式來預防運動傷害，如熱敷、冷敷、冷浴、溫差交替等溫度調整的方式、利用滾筒在肌肉上滾動，藉此紓解肌肉痙攣、利用按摩放鬆及防護等恢復手法來治療調整、用肌肉貼布輔助等，都有助於放鬆筋骨。

能量回填

透過飲食的管理、睡眠管理、心理策略等等，讓身、心理的能量，能回復到最好的狀態。

🏃 強化訓練

運動負荷是一種消耗，有的人可以承受，有些人卻不行，代表著每一個人的強度不一樣，我們可以透過肌肉適能或心肺耐力甚至是法規規範，去規劃出強化措施。

🏃 知能回饋

負荷不是單純身體的問題，技術才是根本的原因，而技術模式是否成熟、是否有缺點；訓練量化是否恰當；傷害管理的措施是否充足等等，這些都是屬於知能的回饋，讓我們知道對身體好的決定，進而做好的調整，這樣在負荷管理上才會產生完整的效益。

總結 ///

　　負荷管理是運動生涯的交通號誌，面對第一時間的傷害情況，此刻需要的只是要判斷出下一步應該先做什麼？要不要繼續下去？至於是什麼傷？如何受傷？傷情如何？都可以等等再說！

　　因為離開第一現場後，進入了醫療階段就是要擬定後續的治療計畫與復健時程了，所以在就診時，運動工作團隊最需要的第一項資訊其實是時程，為了要考量後續行程的修訂，時程才是最關鍵的資訊。

　　而時程的判斷就不是只依據當天的傷害情況來判斷，尤其專項的慢性傷害進程都是進退模糊的緩慢進程，僅就看診當天逕行給予可否回場的答覆，對後來的計畫常常會造成困擾。

　　建立一套可運用的負荷管理系統，讓醫師、教練、運動員、運動員家人等相關人員參與其中，而且有責任負擔，才能逐步導正運動醫學資訊，妥善利用正確資訊，也能讓運動醫學的技術獲得更良善的效果。

　　運動員和教練一定會給自己找出「綠燈」放行，因為那是他們的天分、他們的人格特質、他們的訓練日常，但我們無法期望運動員具有自放「黃燈」的知能，更不該期望他們會考慮「紅燈」距離他們不遠，除非有一套專門為他們建構出的「覺察工具」來發現傷害的可能性迫近，或是進一步提供的「預警體系」持續發揮作用，使他們產生正確的依賴，有效地結合精準資訊與行動指引，這應該是下一階段運動醫學體系發展的服務。

　　人體就像個燒杯，將各種營養及微生物放入這個燒杯內，其中的水份就佔了70%，許多營養素是溶解在這70%的水中，但當運動訓練開始介入，水分就開始因為各種理由產生劇烈的流失，在體重下滑

2%、4%、甚至超過6%以上的不同脫水程度變化後，營養也跟著流失了。所以我們可以很快速的獲得結論：

> 越大的燒杯、可以裝載越多的水分，
>
> 越多的水分、可以溶解越多的溶質，
>
> 越多的溶質，代表機體的能量越多，
>
> 越多的能量，能轉換出越多的體能！

因此，嚴格的訓練真的增進了個人體能嗎？可能不真是如此，除非是正確、有效、能負載的訓練內容，因為訓練得要先有效地改變身體，使人體這個燒杯能容納更多營養成分，唯有能正面改變身體素質的訓練，才能有增進體能的機會，有了體能體力的增進，才能使技術的鍛鍊得到充足的學習週數。若是跳過改變身體的步驟，就直接改變身體能力與技術水準的訓練課程，就會成為超過安全負荷管理的訓練方式，迎之而來的就是：「傷害」。

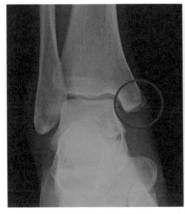 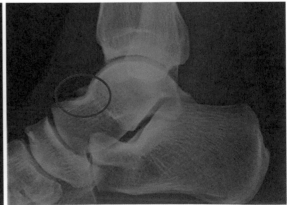

過度訓練後受傷的腳踝。

附件一、
長跑訓練運動防護安全問卷
（取自Running Injury-Free Ellis & Henderson）

以下問題請選出最適切的答案，並將分數填寫於後空格上：

1. 你的性別?男性=0；女性=1　　　　　　　　　　

2. 你的體脂肪率%？　　　　　　　　　　　　

- 男性15以下=0　　　　　　・女性20以下=0
  - 15-20　=1　　　　　　　　　20-25　=1
  - 21-25　=2　　　　　　　　　26-30　=2
  - 26以上=3　　　　　　　　　30以上=3

3. 你的兩腿腿長差距？　　　　　　　　　　

- 小於1/8英吋（0.32公分）　　=0
- 1/8-3/16英吋（0.32-0.48公分）=1
- 3/16-1/4英吋（0.48-0.64公分）=2
- 1/4-3/8英吋（0.64-0.95公分）=3
- 超過3/8英吋（0.95公分）　=4

4.你的足弓有多高？

- 完全扁平足=4
- 中度扁平足=2
- 正常足弓高=0
- 中度高足弓=1
- 嚴重高足弓=4

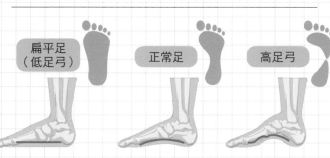

扁平足（低足弓）　　正常足　　高足弓

5. 你的足旋前（內旋）與足旋後（內旋不足）情況如何？ _____

- 嚴重足旋前=5
- 中度足旋前=3
- 輕度足旋前=1
- 正常足旋前=0
- 輕微足旋後=1
- 中度足旋後=2
- 嚴重足旋後=5

足旋後

正常足

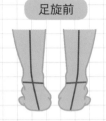

足旋前

6. 你的膝蓋（Q角度）股骨與脛骨的夾角程度如何？ _____

- 男性

  小於11度以下　　　=0

  介於11到15度之間　=2

  介於16到25度之間　=4

  大於26度以上　　　=5

- 女性

  小於16度以下　　　=0

  介於16到19度之間　=2

  介於20到23度之間　=4

  大於24度以上　　　=5

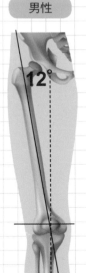

男性

12°

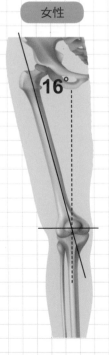

女性

16°

正常型

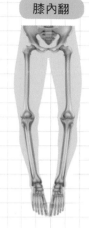

膝內翻

7. 你是膝內翻者（O型腿）嗎？

- 介於正常到輕度之間　=0
- 中度　=1
- 嚴重　=3

8. 你的小腿肌肉柔軟度（踝關節背屈）如何？

- 超過15度　=0
- 介於11到15度之間　=2
- 介於6到10度之　=3
- 介於0到5度之間　=4
- 小於0度　=5

9. 你的腿後肌柔軟度（仰臥直抬腿屈髖）如何？

- 大於90度　=0
- 介於85到90度之間　=2
- 介於75到84度之間　=3
- 介於60到74度之間　=4
- 小於60度　=5

10. 你的髂脛束（ITB）柔軟度如何？

- 正常的柔軟程度　=0
- 非常緊　=3

測試方法見第200頁

11. 本次的賽前練跑計畫時期為期多久？

- 預期四個月以上　=0
- 計畫二到三個月　=1
- 計畫一個月以內　=3

12. 你每週練跑的計畫實施量是多少？ _____

- 少於15英哩（24公里）　　　　　　　　=0
- 介於16到25英哩（25到40公里）之間　　=2
- 介於26到45英哩（41公里到72公里）之間 =6
- 高於46英哩（73公里）以上　　　　　　=10

13. 你每週是如何漸進增加你的訓練里程呢？ _____

- 每週里程增加少於10%　　　=0
- 每週里程增加介於10到15%　=4
- 每週里程增加多於15%　　　=10

14. 最近一次受傷時花費了你多少的恢復時間呢？ _____

- 最近好一段時間沒有受傷了　=0
- 大約花費了2到3週才恢復　　=2
- 超過3週以上才恢復　　　　=4

15. 你的練跑時間安排在什麼時候呢？ _____

- 下午、黃昏、夜晚 =0　　　　・清晨、上午　　　　=1

16. 你的訓練計畫中有包括部分的速度變換訓練嗎？ _____

- 沒有速度變換訓練成分　　　=0
- 例行的、持續性的速度變換訓練 =2
- 才剛開始進行速度變換訓練　=4
- 正在增加進行較具規模的配速跑 =8

17. 你的參賽頻率如何？ _____

- 從不參加比賽　　　　　　　=0
- 一年至多2次的比賽　　　　=2
- 每年大約介於3到6次的參賽頻率 =4
- 每年會參加7場以上的比賽　=6

你的總分是：

10～15 你應該不太有跑步訓練造成的運動傷害風險存在。

16～26 你應該略有一些運動傷害發生風險存在，需要注意監控在評估項目較有疑慮的一到兩項指標的相關部位。

27～37 你應該有一半的機率可能會發生傷害，請你特別關照在得分較為不理想的身體部位。

38～49 若你目前還未受傷，可以預見近日將會有發生傷害的情況，你若知道自己有問題的訓練和照顧方式，應即時自我修正有問題的內容。也請你查詢在你鄰近地區，便利於你的運動醫學專家位置與姓名，以備不時之需。

50 以上 你有很多事前準備要進行，尤其是你的醫療保險保費是否繳清？理賠金額是否足夠？之類的醫療行政檢查要儘速進行。

附件二、
參與訓練自覺量表

（取自：莊孟芳，台灣某籃球隊每日
健康管理監控系統未發表文件）

請依序按照下列題目，於每天早上起床後，參與訓練前，需填寫完畢。

1. 整體疲勞指數？（越疲勞分數越低）
最差為0分（0分為最疲勞）最好為10分（10分為最不疲勞）

2. 昨晚的睡眠情況？
最差為0分（0分為昨晚睡不好）最好為10分（10分為昨晚一夜好眠）

3. 現在的心情感受？
最差為0分（0分為心情糟透了）最好為10分（10分為心情非常好）

4. 感受到自己有的能量？
最差為0分（0分為沒有能量）最好為10分（10分為能量滿滿）

5. 感受到自己有的壓力？（壓力越大分數越低）
最差為0分（0分為壓力最大）最好為10分（10分為最沒有壓力）

6. 昨天的營養攝取的情況給分？
最差為0分　最好為10分

7. 整體上肢情況？
最差為0分　最好為10分

8. 整體下肢情況？
最差為0分　最好為10分

9. 防護員或自己針對右腳腿後肌情況給分？
最差為0分　最好為10分

10. 防護員或自己針對右腳鼠蹊肌群情況給分？

　　最差為0分　最好為10分

11. 防護員或自己針對右腳小腿肌群情況給分？

　　最差為0分　最好為10分

12. 防護員或自己針對左腳腿後肌情況給分？

　　最差為0分　最好為10分

13. 防護員或自己針對左腳鼠蹊肌群情況給分？

　　最差為0分　最好為10分

14. 防護員或自己針對左腳小腿肌群情況給分？

　　最差為0分　最好為10分

15. 針對昨天接受治療或貼紮的回饋。有，請說明；無就寫「無」。

16. 針對起床後感受到的身體情況，想告訴防護員及教練的事，
　　有，請簡單描述；沒有，請寫「無」。

Part

3

跑步後該
如何保護身體

1. 跑後透過肌肉伸展來養護身體

在跑步後肌肉很容易會痠痛，甚至是受傷，因此在跑步之後的拉伸和肌力的強健就格外重要，除了紓緩肌肉緊繃的不適，更是提早保護身體關節的作法，因此以下會介紹幾個拉伸，讓大家在運動後感到肌肉不適或是想要養護身體時，可以跟著動起來，養護自己的身體。

動作以自己能力做得到的為主，身體越放鬆，越容易伸展。

靜態伸展　一組**15～20秒**，一次做**2～3**組

動態伸展　一組**10秒**或做**10下**，一次**2～3**組

>>>>> 靜態伸展 >>>>>

一組**15～20秒**，一次做**2～3**組

伸展運動示範：魏振展 教授

踝斜板足後伸展

Point2

拉開腳跟，日的使阿基里斯腱及小腿後都能伸展到。

Point1

找個有高度的條狀物。
（7～10公分為佳）

Point3

若覺得困難可以縮小腳拉開的角度。
（強度越大，腳拉開的距離越遠）

弓步壓腿

Point 1

雙腳打開肩寬兩倍，前腳成90度，後腳向後伸展，可伸展到小腿及髖前部。

90°

Point 2

兩隻腳都要伸展到。

0   1   2

 踝足前伸展

Point 1

伸展踝足前部，自然的下壓伸展，讓脛前肌做大角度的伸展。

Point 2

兩隻腳都要伸展到。

側面

背面

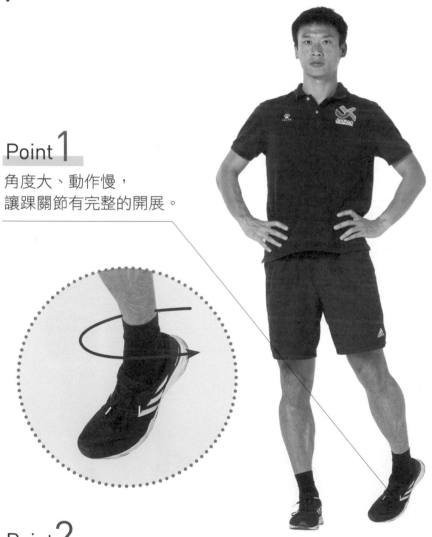

踝轉繞活動

Point 1

角度大、動作慢，
讓踝關節有完整的開展。

Point 2

可以透過扶牆來幫助身體穩住重心。

前跨步交叉轉體

Point 1

跨步，前腳呈90度。

90°

Point 2

身體轉至
跨出腳的那側。

Point 3

軀幹、臀、腿可以做到伸展，
身體的轉向讓軀幹可以有充足
的展開，再透過舉手動作增加
伸展的張力強度。

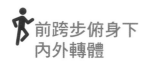 前跨步俯身下
內外轉體

Point 1

先跨步，
身體向下彎。

Point 2

以手支撐地面做轉體的動作。
（可以扶著腳踝或是穿過腳踝）

Point 3

另一手抬高伸直。

Point4

換另一邊再做一次，
兩隻腳都要做一輪。

前跨步上引後仰轉體

Point 1

跨步，伸直雙臂。

Point 2

根據個人能力
向兩邊轉

Point 3

維持15到20秒，
能讓身體的體前
側完全打開。

單腳支撐直抬後腿平衡

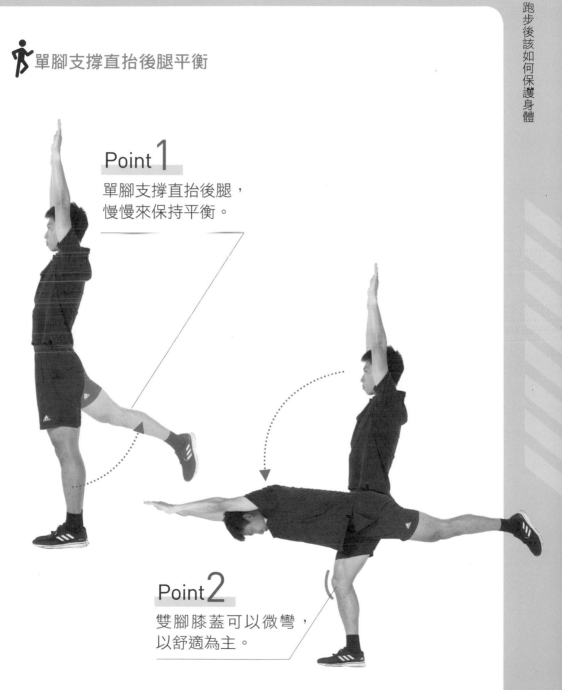

Point 1

單腳支撐直抬後腿，
慢慢來保持平衡。

Point 2

雙腳膝蓋可以微彎，
以舒適為主。

🏃 站立拉腿前引平衡

Point 1

先站立拉腿。

Point 2

身體慢慢
往前俯臥。

Point 3

另外一隻手向前伸來
保持平衡。

注意事項：

★平衡感較差可以扶著牆、柱子來穩住重心。

面牆俯下

Point 1
手放高，
平貼牆上。

Point 3
也可以手臂彎曲貼牆，
可以拉伸到背部。

Point 2
上半身漸漸往下，
讓腋下、肩關節、
前腹打開。

 **相撲蹲轉壓肩**

Point 1
用相撲蹲方式下坐，
腳尖朝外。

Point 2
兩隻腳間距盡量拉大，
屁股向後坐下。

Point 3
雙手撐在膝關節，
以右肩前引做壓肩。

Point 4
保持15到20秒，
兩邊肩膀輪流。

體側線側彎伸展

Point 1

先將雙手十指交叉往
上頂，伸直肘關節、
肩關節。

Point 2

身體往右側彎曲，
保持呼吸。

Point 3

不需踮腳，
腳底打平站穩。

站立壓肩

Point 1
將我們的右手舉起，往左邊移動伸直。與肩高度一致。

Point 2
左手壓著上臂，壓力放在右肩的三角肌以及肩胛骨這個區域。

Point 3
換手再做一次。

 反牆前引胸臂

Point 2

將肘關節伸直，
然後把手臂向上抬起。

Point 1

先將手放在身體的後
側，雙手向後撐直。
手要反背。

Point 3

保持身體的
直立挺胸。

注意事項：

★若這個動作有些困難，可以透過抓握把來替代。

交岔腿體前三向下彎

Point 1
兩隻腳併攏交錯，
保持膝蓋的伸直。

Point 2
身體前彎，
兩隻手向前引。

Point 3
朝左、正面和
朝右三個方向。

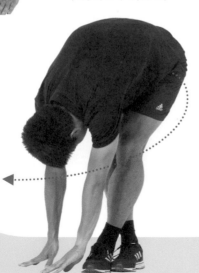

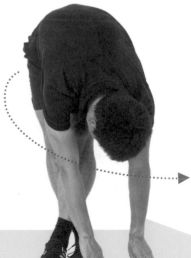

蹺腳開跨半蹲

Point 1

左腳跨在
右腳的膝蓋上。

Point 2

手扶著小腿
保持穩定。

10秒

正面

側面

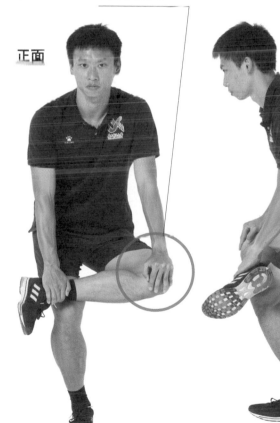

Point 3

屁股往下往後
坐，保持右膝
不要前伸。

注意事項：

★可以靠著牆做。若有不穩，可能是腳力量不足或臀部力量不足。

 **前跨後拉腿**

Point 2

做前後跨步，手去拉後腳腳踝，
前手保持穩定，身體挺直。

Point 1

將有一定厚度的布或墊
子墊在大腿前側肌肉。

🏃 跨壓坐姿屈膝俯身

Point 1

先跨步，手扶地。

Point 2

往側邊坐下，注意前膝
要保持在90度。

90°

Point 3

兩隻手前引貼著地面，後腳慢慢向後伸，身體前趴。

注意事項：

★伸展的過程身體可以稍微向前腳的方向偏，以利於後腳往後伸。

坐姿體前彎

Point 1

採坐姿，雙膝、雙腳伸直，身體前彎手往前伸，以觸摸腳趾為目標。

Point 2

深呼吸，視線水平，維持15到20秒，放鬆回復。

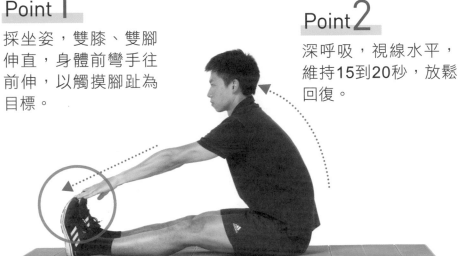

Point 3

假使觸碰不到腳趾，可以沿著大腿、膝蓋、小腿的方向前進，到哪個位置，就停止在那裡。

Point 4

做的過程中要提醒自己，下背保持一定的角度，不要過度前彎，讓壓力多一點在臀跟大腿後。

 坐姿收腿屈膝前壓

Point 1

採坐姿，兩隻腳向內收，
腳掌對腳掌。

正面

側面

Point 2

手抓著腳踝，
保持下背挺直。

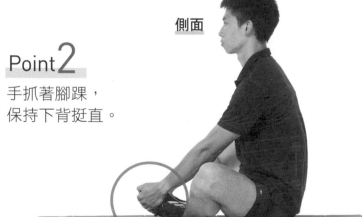

Point 3

身體慢慢向前壓，
保持呼吸。

Point 4

維持15到20秒。

正面

Point 5

手肘可以稍微將大腿往外側
壓以增加強度。

側面

注意事項：

★拉大腿內側。

 側臥拉腿

Point 1

身體躺向一側，
手可以撐頭或撐地。

Point 2

彎曲外側的腳，內側膝蓋
微彎以增加穩定性。

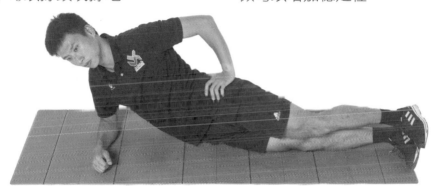

Point 3

將同邊的手，放到身體的後面拉
住腳踝，拉到個人極限即可。

Point 4

換邊再做一次。

 仰臥交叉腿轉體

Point 1

一隻腳抬起放在另外一隻腳屈起的膝蓋上，
吐氣放鬆向著屈起的那一邊倒過去。

Point 2

頭向上，手繼續維持支撐地面，上半身能
夠盡量的貼平地面。腰下沉，不拱腰。

俯臥屈膝併腿轉體

Point 1

俯臥，兩隻腳併攏，
膝蓋彎曲90度。

Point 2

在轉體的過程要注意，
兩隻腳盡量不要分開。

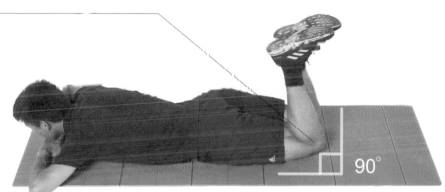

90°

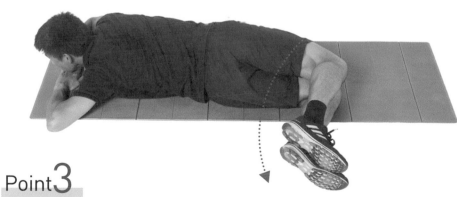

Point 3

先向右邊倒下，上半身
盡量維持穩定，能夠平
貼於地面。

Point 4

恢復原姿勢後，向左
邊倒下，再做一次。

>>>>> 動態伸展 >>>>>
一組**10秒**或做**10下**，一次**2～3**組

單腳交替棒式

Point 1
先做基本的棒式。

Point 2
將其中一腳舉起，保持膝關節的伸直，進行10秒或10下。

Point 3
換腳，進行10秒或10下。

Point 4
做2～3組。

注意事項：

★臀部微彎沒關係，雙腳微開與肩同寬。

🏃 跨步轉體（由右至左）

Point 1

將左腳跨出。

Point 2

手伸直旋轉。

（由右至左）

Point4

連續進行單腳10步總
共20步。

Point 3

換腳跨出再旋轉。

交替後跨（由左至右）

Point 1

交替將腳向後蹲跨，
手插腰保持穩定。

Point 2

可以拉伸到正面。

握踝單腳蹲坐起

Point 1

先將一隻腳抬起，雙手拉著腳踝，或是捧著小腿。

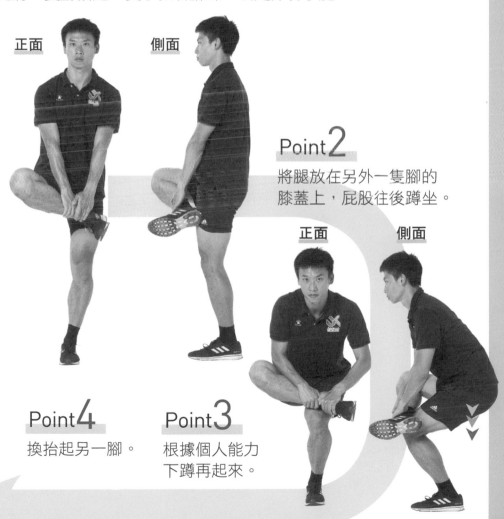

正面   側面

Point 2

將腿放在另外一隻腳的膝蓋上，屁股往後蹲坐。

正面   側面

Point 4

換抬起另一腳。

Point 3

根據個人能力下蹲再起來。

 抬腿及胸跨步蹲起（由右至左）

Point 2

先抬起再往前跨蹲，雙腿交替。

Point 1

抬高腿，盡量讓膝關節能夠往胸部的高度移動。

注意事項：

★根據個人能力做調整，不是抬越高越好，原則是上身盡量
　保持直立，以自己最舒適的方式為主。

 相撲蹲交替側跨移

Point 1
雙腿開與相撲蹲
的寬度相同。

Point 2
雙手往下支撐地板。

Point 3
屁股往後蹲
膝蓋彎曲。

Point 4
先向右邊推，讓左側
內收肌群跟腿後延展。

Point 5
再換另外一邊。

Point 6
持續進行，動態節奏
放慢。

推牆抬髖跑

Point 1

將身體傾斜撐在牆面、窗台上，或是一般的柱子。

Point 2

膝蓋抬高，開始做跑步的動作。

Point 3

換腳抬高，保持身體傾斜。

海盜船

Point 1

先保持坐姿，雙腳直立，手扶著膝關節。

Point 2

身體向後仰、回位擺動。

Point 3

盡量不要讓腳擺過頭。

注意事項：

★根據個人跑步的配速習慣，來進行這個準備動作。

俄羅斯轉體

Point 1

身體仰臥，兩隻手向旁邊水平
伸出，讓身體保持穩定平衡。

Point 2

兩腳併攏伸直抬起。

Point 3

左右旋轉。

Point 4

盡量保持上半身平貼
於地面，以及雙手穩
定的壓住地面。

直腿上引收腹伸體

Point
踮起腳尖，兩隻手向上
舉起，盡量伸展，讓身
體往上撐，保持穩定。

　　透過一些伸展和暖身運動，讓我們的關節和肌肉可以確實拉伸開展，也讓我們更了解自己，身體哪裡會痛？什麼動作會不舒服？哪裡的肌肉比較沒有力氣？為了讓這些方法能確實執行，可以羅列出這些運動，將效果量化，哪一些對我來說是加分、有效的？哪一些是減分、不適的？把它標定出來一個一個去評估，長期下來就會成為一個量身打造的紀錄，這樣就能得到有效的觀察指標，了解到自己的身體狀態。

2. 運動傷害 +》》》》 .....

　　跑步是目前最普遍流行的運動之一，有些人跑步是為了健康，雖然不求快也不求成績，可是時間累積久了，一樣會對身體造成傷害；而職業跑者因為經過了長時間的訓練以及高強度的比賽，更是經常發生運動傷害。

　　根據統計每年大概有一半以上的跑者，會因為運動傷害而來就診，因此運動傷害可說是我們在從事跑步運動時，要特別予以重視的。

　　跑步相關的運動傷害大部分發生在下肢，分為急性和慢性，其中以慢性運動傷害居多，會逐漸影響到我們的運動表現與身體健康，因此如何抽絲剝繭找出傷害發生的原因，對於運動傷害的治療與預防是相當重要的。

急性運動傷害

腳踝扭傷

　　腳踝扭傷可以說是最常見的運動傷害。我們腳踝外側主要韌帶有前距腓韌帶、跟腓韌帶和後距腓韌帶，這三條韌帶形成了我們外側的防護圈。而腳踝內側有三角韌帶，三角韌帶在結構上更為強韌，因此腳踝內側扭傷的機率，相對就比外側扭傷來得少。

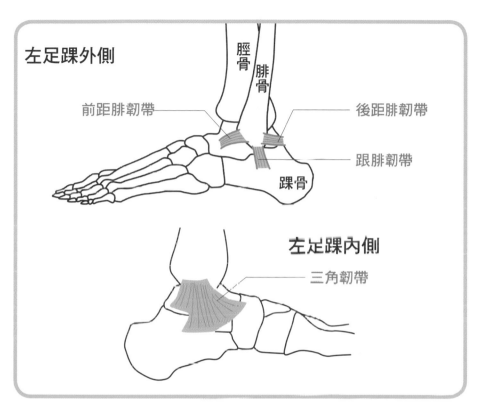

左足踝外側

脛骨

腓骨

前距腓韌帶

後距腓韌帶

跟腓韌帶

踝骨

左足踝內側

三角韌帶

如何評估損傷嚴重程度

　　輕度的韌帶受傷歸類為第一級損傷，在結構上並沒有太大程度的破壞，因此有時候從外觀看不容易發現異常；中度的韌帶損傷，歸類為第二級損傷，在結構上會有部分被破壞；重度的韌帶損傷則是韌帶整個斷裂，歸類為第三級損傷，斷端往兩邊分開之後，可能會造成關節極度不穩定。評估時我們必須根據韌帶損傷的嚴重程度，來訂定不同的治療策略。

　　一般韌帶急性損傷的病人，可能會伴隨極度疼痛和關節血腫，若是單獨依靠身體檢查，相對來講會比較困難，這時候我們就會選擇一些影像檢查，來協助我們判斷韌帶損傷的程度。

❶ 軟組織超音波

超音波目前是一個非常普遍使用於骨骼肌肉傷害檢查的影像工具，有便於攜帶、沒有輻射線、方便使用，並可以即時顯像的優點，用在診斷軟組織的損傷上，有非常好的應用價值。

如果有個腳踝扭傷的病人，從外觀上看來，腫脹和瘀血皆非常嚴重，但想進一步確定韌帶有沒有斷裂，導致關節不穩定，我們通常會以「前拉測試」來檢查關節的穩定度。但是嚴重扭傷的病人極為疼痛，導致肌肉過度收縮，關節也被繃得很緊，因此「前拉測試」可能會受影響而呈現偽陰性，這時我們就可以運用軟組織超音波來做影像診斷，透過判斷韌帶的完整性以及回音呈現，來了解韌帶損傷的程度，並且判斷是否有斷裂的可能。因此軟組織超音波在急性的運動傷害上面，有很好的診斷價值。

❷ X光

有些韌帶扭傷，我們會考慮使用X光檢查，來評估是否有合併骨折發生的可能，但是X光是具有輻射性的，因此不是每一個腳踝扭傷的病人都需要做X光攝影。我們可以依據「渥太華踝關節規則」（Ottawa and ankle rule），來判斷這個韌帶扭傷的病人需不需要做X光檢查。

如果這個腳踝扭傷的病人，在「渥太華踝關節規則」提及的部位皆有明顯疼痛的話，我們能合理的懷疑病人有合併骨折的情況，這時做X光的檢查相對來講會是合理的處置。同時我們也會依據病人在受傷當下或者是送到門診急診時，患肢是否能承重，來評估病人的嚴重程度，通常扭傷程度不嚴重的病人，仍可以稍微走幾步路，但是如果病人在急診或是運動場邊評估時，走個三、四步都有困難的話，表示病人骨骼受傷的可能性相對來得大，這樣的情況下也可以讓病人去做X光檢查，以確認是否有合併骨折發生。

渥太華踝關節規則

1. 按壓或輕敲外踝以上6公分內的腓骨末端有疼痛。

2. 按壓或輕敲內踝以上6公分內的脛骨末端有疼痛。

3. 按壓或輕敲腳外側的第五蹠骨基部有疼痛。

4. 按壓或輕敲腳內側的舟狀骨有疼痛。

5. 受傷當下或在急診室時，患肢無法承受體重行走4步。

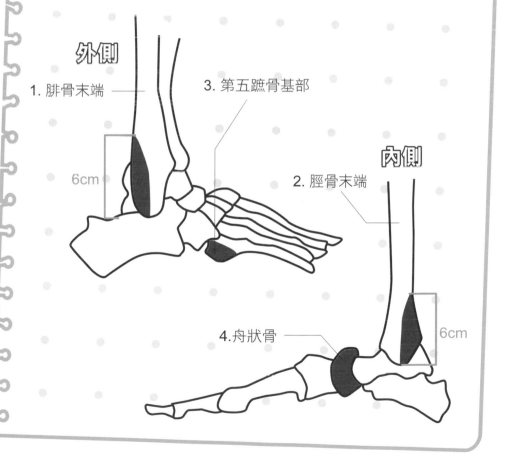

外側

1. 腓骨末端

3. 第五蹠骨基部

內側

2. 脛骨末端

6cm

4. 舟狀骨

6cm

腿後肌拉傷

腿後肌收縮協助身體向前推進,因此在跑步時扮演了非常重要的角色。腿後肌受傷大多屬於急性拉傷,病人在跑步時感覺大腿後側好像被人踢了一腳,一陣劇痛下,便難以再行走或跑步。腿後肌拉傷的機轉因人而異,肌力不足或柔軟度不夠好都是常見的原因,受傷後需要做完整的評估,才能知道受傷後的復健要做哪部分的強化。

腿後肌拉傷的分級根據軟組織受傷的程度,也是分為三級:第一級指在結構上沒有太大的損傷;第二級則是有部分肌纖維的撕裂,並且在外觀上可能會看到局部瘀血和腫脹;第三級是肌纖維的斷裂,可能會在觸診時感覺到有凹陷,甚至目視就能看到大腿後側表面有凹窩。

如何處理運動傷害

在瞭解如何處理運動傷害前,我們要先認識損傷的恢復過程,才能避免在恢復的過程中又受傷。

1.急性發炎期:急性軟組織受傷後一天到三天屬於急性發炎期,隨著受傷程度不同,急性發炎期長短也略有差異,有時長達七到十天或更久,這時會有紅、腫、熱、痛等典型的發炎症狀。

2.增生修復期:急性發炎期結束後,受傷組織進入到增生修復期,這期間長短也會因受傷的嚴重程度不同而有差異,一般需要四到六週以上不等的時間來進行增生修復。這個時期雖然已經沒有急性發炎期的紅腫熱痛等症狀,會讓人誤以為傷已痊癒,但其實新生組織強度不足,功能尚未完全恢復,一不小心就可能造成再次傷害。

3.組織重塑期：組織重塑期會與增生修復的後期重疊，持續的時間則差異極大，有可能長達一年以上。增生的組織在這個時期要經過重塑，也就是排列重整，才能逐漸恢復原有結構的強度。組織重塑需要給予適當的刺激引導，例如主動收縮與被動伸展，這也凸顯復健的重要性。

傷後恢復過程是否能順利進行，很大部分是取決於急性處理是否到位。我們也要瞭解受傷的病人在急性期後的恢復期有沒有正確復健，因為很多病人以為沒有疼痛就是好了，事實上傷並沒有完全復原，所以容易復發再受傷。而在下一次受傷的時候，可能是在上次受傷後的恢復期又合併了一個急性期傷害，因此增加了判斷損傷上的難度，也會造成損傷不易治癒。為了讓運動傷害恢復良好，一旦發生急性運動傷害，就需要非常積極的來處理。以下將介紹幾種運動傷害的處理原則。

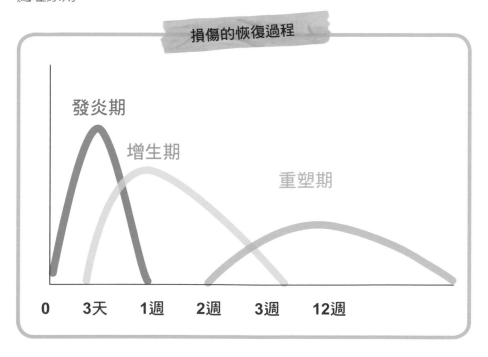

損傷的恢復過程

發炎期

增生期

重塑期

| 0 | 3天 | 1週 | 2週 | 3週 | 12週 |

🏃 PRICE急性運動傷害的基本處理原則

　　PRICE為急性運動傷害的基本處理原則，希望在急性發炎期，透過Protection（保護）、Rest（休息）、Ice（冰敷）、Compression（壓迫）及Elevation（抬高）的步驟，讓急性發炎能非常迅速的降低。

Protection（保護）

Rest（休息）

Ice（冰敷）

Compression（壓迫）

Elevation（抬高）

POLICE急性運動傷害的新觀念

處理運動傷害的觀念持續修正，POLICE的概念逐漸取代PRICE，原本Rest的處理方式並非不重要，而是更強調**Optimal Loading（適量負荷）**，因此在處理急性運動傷害的觀念上，逐漸揚棄讓病人長時間休息的處置，反而提倡讓病人在可以承受的情況下，增加復健內容，以便盡早恢復運動狀態。

Protection（保護）

Optimal（適量）

Loading（負荷）

Ice（冰敷）

Compression（壓迫）

Elevation（抬高）

 **PEACE&LOVE運動傷害處理的新趨勢**

PEACE

P Protect，強調受傷當下要做很好的防護。

E Elevation，患肢適當抬高，有助於減少患處腫脹。

A Avoid Anti-Inflammatory Medication，導入新的觀念，減少抗發炎藥物的使用，因為組織發炎是進入增生修復期的重要關鍵，如果發炎完全被抑制，受傷組織就不容易進入增生修復期，會影響傷後的恢復，因此目前急性運動傷害的處理趨勢，是會視需要減少抗發炎藥物的使用，希望受傷組織能夠盡快順利地進入到增生修復期。

C Compression，透過適當的壓迫來減少患處的腫脹。

E Education，給予病人完整詳細的衛教，讓病人了解受傷後的病程與各時期的症狀表現，同時教導傷後復健內容。

LOVE

Load，呼應之前提及的觀念改變，目前認為適當的負荷受力有助於骨骼肌肉系統的修復，像是骨折後長時間不負重，骨質流失會加速導致骨質疏鬆，同樣的，軟組織損傷後，如果不給予適當的負荷引導，修復的過程中，新生組織會無從判斷重塑排列要向哪個方向進行，因此只要在病人可以忍受的疼痛範圍內給予適當的負荷強度，會讓病人組織修復更迅速且全面。

Optimism，意指面對運動傷害仍要保持樂觀的態度。運動傷害是從事運動過程難以避免的一部分，即使是再厲害的運動強人，運動過程中也難免會遭遇大小不一的運動傷害。只要秉持著積極處理、樂觀面對的態度，運動傷害通常可以恢復良好，不但能盡早回到運動場，也比較不會因心理障礙導致再次受傷。

Vascularization，也就是促進血液循環。透過適當的心肺耐力訓練來增加血液循環，血液循環良好有助於局部受傷組織修復。

Exercise，指回復運動，藉由漸進式運動可以得知受傷後恢復的程度，正式回到運動場前應有這樣的銜接。

　　PEACE&LOVE是目前運動傷害處理的新趨勢，強調及早負荷受力，加速回復運動。以良好的恢復狀態進入功能性訓練，才能健康地回到運動場。

長跑運動傷害 ///

🏃 髕骨股骨疼痛症候群

長跑運動傷害大多屬於慢性運動傷害，俗稱「跑者膝」的髕骨股骨疼痛症候群就是一個典型的例子。

髕骨股骨疼痛症候群的症狀通常發生在運動一段時間後，例如跑步跑了一段距離，開始覺得前膝部疼痛。疼痛的位置沒有辦法清楚地被描繪界定出來，病人只會覺得在膝蓋的周邊或下緣有模糊的疼痛症狀，在跑步活動之後，疼痛感才會變得明顯，透過休息或坐下來一段時間後會改善，但是在要站起來的那一瞬間，疼痛感又會襲來。

會產生這樣的疼痛，大多是由於肌肉相對無力或失衡，造成髕骨在膝關節上方的位置偏移，引發髕骨與股骨間的關節摩擦疼痛。

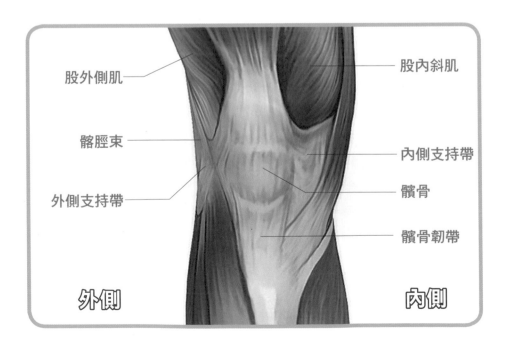

股外側肌

股內斜肌

髂脛束

內側支持帶

外側支持帶

髕骨

髕骨韌帶

外側

內側

　　如上圖，髕骨原本應該在膝正中央，這是因為股外側肌與股內側肌的肌力剛好達到兩邊平衡。如果股外側肌與股內側肌在肌力不平衡（大部分是因為股內側肌偏弱），髕骨就會被往外帶而產生偏移，這是常見的髕骨股骨疼痛症候群原因之一。

內側脛骨壓力症候群與脛骨壓力性骨折

　　內側脛骨壓力症候群又稱脛骨痛，在慢跑中也是非常常見的臨床表現。病人的疼痛主要發生在小腿內側脛骨下二分之一到三分之一處，在跑步後原本模糊不清的疼痛感會被明顯地誘發出來。

　　目前對於內側脛骨壓力症候群的發生原因還不是很確定，不過一般認為是訓練不足或過度、跑步方式不對、足部異常、以及跑步接觸的地面太過堅硬等因素所造成。

　　內側脛骨壓力症候群是骨骼處於一種不健康的發炎狀態，在結構上還沒有遭受破壞，和壓力性骨折不一樣。但如果訓練的強度再增加，或病人的疼痛被忽略，沒有適當休息，疼痛很可能會演變成為嚴重的壓力性骨折（也有人稱疲勞性骨折）。

　　壓力性骨折一般發生在下肢受力較多處，脛骨就是最常發生壓力性骨折的地方。脛骨的壓力性骨折與內側脛骨壓力症候群在臨床上有些相似，因此初始鑑別診斷並不是這麼容易，醫師大多會透過疼痛位置來判斷：內側脛骨壓力症候群疼痛的位置比較廣泛模糊，脛骨壓力性骨折疼痛點較明確，藉由扣擊脛骨的方式可以找到疼痛處，代表這個骨頭是處於不健康的狀態。

　　壓力性骨折初期或是輕微的壓力性骨折，用X光不容易看到異常的變化，因此如果高度懷疑有壓力性骨折的可能性，可以透過核磁共振或者是骨骼掃描，做更進一步的確認。

阿基里斯腱的肌腱病變

阿基里斯腱病變發生率與長跑累積的時間有明顯相關,跑得越長、越久的人,發生阿基里斯腱病變的可能性,會比初學者還要高。根據統計,有將近百分之十的跑者會因為阿基里斯腱的疼痛就診。

阿基里斯腱病變有不同程度的臨床表現,甚至可能讓病人的疼痛感非常嚴重導致步行困難,但這個疼痛通常在休息之後會得到緩解。

要診斷阿基里斯腱病變或發炎,可以透過直接觸診。若不是很清楚受傷的嚴重程度,像是肌腱是否有撕裂傷,或是想確認受傷是處在急性期或是慢性期,就可以使用軟組織超音波來做鑑別診斷,協助做出臨床分級。

阿基里斯腱受傷之所以好發於慢跑運動,是因為小腿後方的肌肉向下匯集成阿基里斯腱,在跑步的時候會做離心收縮,也就是肌肉在被動延展伸長的時候,又主動產生了一個收縮的模式,這樣互相矛盾的收縮模式,很容易造成阿基里斯腱的受傷。因此在阿基里斯腱受傷後的復健期,或是在預防阿基里斯腱受傷的運動計畫中,我們可以透過離心收縮的訓練方式來增加肌肉對應離心收縮模式的適應性,同時增加小腿肌肉的強度。

國外有學者做了相關論文系統性回顧分析,發現單純做離心收縮的訓練模式,就可以非常有效地預防及治療阿基里斯腱病變。如果在受傷的恢復期合併使用離心收縮的訓練模式以及體外震波治療(Extracorporeal Shock Wave Therapy, ESWT),會比讓病人單純的休息來得更好。這也應證了PEACE&LOVE原則,也就是及早運動有助於病人軟組織的修復。

離心收縮

　　肌肉收縮的時候，理論上長度會變短；但在有些情況下，肌肉是在被動延展伸長的情況下執行收縮動作，這個時候肌肉收縮的方向與被伸長的方向是相反的，因此很容易造成肌肉或肌腱的拉傷，甚至斷裂。例如跑步時。腳尖著地後，腳跟順勢要下壓，這時的阿基里斯腱是被伸長的，但人體為了緩衝腳跟突然落下的動作，連接到阿基里斯腱的後小腿肌肉會主動收縮，這就是一種離心收縮，也因此容易造成阿基里斯腱或小腿肌肉的拉傷，甚至斷裂。

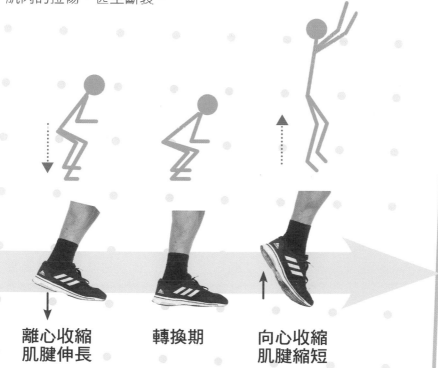

離心收縮
肌腱伸長　　　　　轉換期　　　　　向心收縮
　　　　　　　　　　　　　　　　　肌腱縮短

髂脛束症候群

　　髂脛束症候群也是長跑病人膝部疼痛的好發原因之一，典型的髂脛束症候群病人，主要的痛點位置在膝關節外側，有時病人的疼痛感會順著髂脛束一直往上延伸，甚至在我們髖關節外側也會有疼痛的表現。

　　跑步時膝關節重複的彎曲和伸展，髂脛束就會不斷與膝關節外側突出的股骨上髁摩擦，只要跑步的時間一久、距離一拉長，就會因摩擦導致髂脛束的發炎。

　　我們可以透過測試來看我們的髂脛束是不是太緊：側臥時，將放置下方的腿做為支撐點，接著抬起上方伸直的腿並慢慢下壓，看上方的腿是否能夠下壓到平行床面的水平位置，甚至更低。如果可以，代表髂脛束不會太緊；如果不行，就有可能是髂脛束太緊。

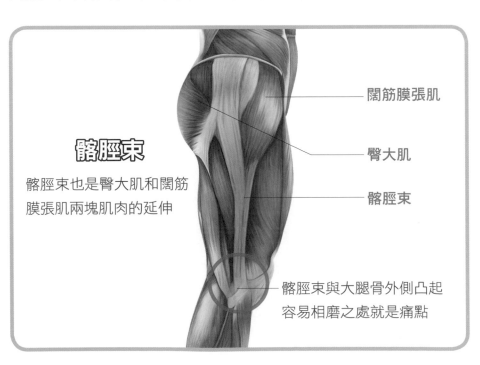

髂脛束

髂脛束也是臀大肌和闊筋膜張肌兩塊肌肉的延伸

闊筋膜張肌

臀大肌

髂脛束

髂脛束與大腿骨外側凸起
容易相磨之處就是痛點

足底筋膜炎

　　足底筋膜炎典型的症狀發生在後腳跟底下，痛感通常在休息一段時間後的起步最嚴重，因此早上睡醒後下床第一步感到劇痛，是最典型的症狀。在稍微活動一段時間後，後腳跟疼痛會稍微緩解，但隨著活動時間增加，疼痛又開始加劇。足底筋膜炎的痛點通常很明確，可以透過觸診清楚地找出來。

　　足底筋膜炎的成因可能是扁平足、高弓足等足部異常，也可能是鞋具使用不當，或是跑步的地面太硬。體重也被認為是發生足底筋膜炎的重要相關因子，身體質量指數（Body Mass Index, BMI）較大的人，發生足底筋膜炎的可能性也較高。

　　有部分足底筋膜炎的跑者足踝關節柔軟度是相對不足的，因此在做背屈（足部往上勾）時，足部動作沒辦法完整呈現。足底筋膜的發炎位置通常可以透過觸診辨識出來，但是若有超音波的協助，可以更明確的標示出足底筋膜發炎的部位，有助於做後續治療上的策略訂定。

背屈

　　在治療策略上，通常會強調要積極做伸展運動，讓足踝部的柔軟度提升，也可以透過加強足底肌肉的肌力訓練改善狀況。另外，選擇適當的鞋具，配合足部輔具（例如鞋內墊），矯正平衡足底的力學分布，進而減少足底筋膜的張力與壓力。有些人白天感到足部疼痛，經過一夜的休息之後，隔日早上起來疼痛感會更加明顯，針對這樣的狀況，可以使用夜間副木（一種可以依需求訂製的塑膠支架），在睡覺時把足底筋膜伸展開，避免足底筋膜因緊縮產生疼痛。

若要進行積極治療，可以使用局部的類固醇注射來改善病人的症狀，但在注射時必須要非常的小心，避免把類固醇注射到足底筋膜，造成足底筋膜結構的弱化，會有產生二次傷害的風險。目前使用體外震波作為非侵入性的處置，也被證明為相當有效的治療方式，再配合有效的伸展策略，可以有效治療並預防病人再次發生足底筋膜炎。

小結

評估長跑相關運動傷害的同時，也要檢視病人常穿著的鞋子。通常運動鞋在長期的跑步之後一定會產生磨耗，而這些受損的位置通常可以代表受力處，藉由這些位置再來推測病人可能受傷的位置。例如我們從後方觀察，若看到鞋後跟偏向一側，通常代表病人可能有扁平足過分的內旋，或是高弓足過分的外旋。透過觀察鞋內墊，也可以了解鞋子和腳接觸時，壓力的分布狀況。這些觀察幫助我們評估病人跑步時足部受力的方向與位置，讓我們有效的去分析並了解在長期累積這些受力狀況對足部造成的影響。

要放鬆足底筋膜，可以踩在軟球上，透過滾動的軟球來降低足底的壓力，也可以利用訓練掌間肌肉增加足部的穩定度，例如放一塊布在地上，用腳趾頭去抓這塊布，利用這個腳趾抓布的動作，來增加掌間肌肉的強度。

總結

跑步導致的疼痛，應該考慮幾個因素，讓診斷和判斷損傷程度有所依循，避免重複造成運動傷害，也讓跑者在運動過程中，可以時刻自我提醒。

❶ 痛症是屬於急性期或慢性期

急性期症狀通常是明確的，受傷的時間、地點及部位，都可以明確的指出；慢性期的疼痛通常較為模糊不清，位置也不太能夠描述出來，不過急性的受傷也可能發生在慢性未痊癒的病人身上，因此在臨床上怎麼樣界定急性期、慢性期或是急慢性期交叉，是相當複雜，卻又重要的，如果不清楚，建議要找專家諮詢。

❷ 診斷病人受傷的位置時可以從解剖的角度來做考量

如果疼痛的位置在足部，我們通常可以明確、清楚指出受傷的部位；但如果疼痛的位置是在膝關節，卻可能不是單純膝關節的問題，而是受足踝的影響導致膝痛，例如扁平足會增加膝內翻角度，增加發生髕骨股骨疼痛症候群的機會。因為我們的下肢關節是環環相扣的，這是運動學上「動力鏈」的觀念應用。因此在做評估的時候，建議從解剖相關位置做完整且全面的評估，將受傷、疼痛部位的周遭列入鑑別診斷之內。

❸ 受傷因素是來自病人本身或外在影響

個人的肌力不足、耐力不足、柔軟度不足以及平衡感不好，都是容易受傷的原因。而鞋具、鞋墊、跑步場所的選擇以及訓練的方式，也可能造成足部運動傷害。

在治療方式的考量，會根據病人實際的需求來判斷是否開刀。若是決定不開刀，復健的方式就相當重要，而PEACE&LOVE的原則，已是目前的趨勢，也就是儘早讓病人承重負荷，重回運動的挑戰，儘早回到運動場上，而不是過度的休息使肌力和關節產生併發症，反而延緩了恢復的時機。

3. 從日常生活中 保護我們的下半身

膝蓋要冰敷還是熱敷？

坊間流傳一些說法，如冰敷會傷害膝蓋，膝蓋受傷都應該用熱敷等，這些說法都不能盡信。

在運動傷害處理的原則上，在24到48小時之內冰敷，之後改以熱敷，有時會施予冷熱交替敷。施予不同溫度的敷用，其原理與目的都在調控血管的收縮與舒張，進而影響自主神經的活性。

不論急慢性的運動傷害，都給予冰敷或冰水療，冰刺激造成血管收縮並降低發炎現象，冰之後回到室溫，血管再次舒張並帶走發炎因子，血管收縮舒張之間，達到消炎止痛與修復的效果；不論冷敷、熱敷、或是冷熱交替敷，理論上都有溫差刺激造成血管收縮舒張的效果，但是，熱敷的溫差刺激都在室溫以上，冷熱交替敷則在室溫上下，兩者效果可能都不及冰敷在室溫以下的溫差刺激。

在美國，許多知名的籃球員也會選擇用冰敷來調理身體狀況，賽後時常見到他們冰敷。透過冰敷，他們能舒緩發炎的狀況，也能放鬆肌肉，是一種保養方式。

保護自己，姿勢重要嗎？

人出生後，坐、站、走、跑的動作都是自然形成，無所謂正確與錯誤，因此在步態分析研究中，無所謂正常步態（normal gait），只有舒適步態（comfortable gait），即使歷屆奧運金牌得主，跑步方式也不會一樣，運動選手或一般人想要跑得快一點，跳得高一點，就要尋求專業教練的指導，否則一般健康走跑，舒適走、舒適跑即可。

保護膝蓋，需要護具或器材嗎？

所有的護具，都是雙面刃，保護的同時會降低組織的認知或本體知覺，長時間配戴更造成肌力減退，增加受傷機率。因此，傷後不同護具使用，請依醫師指示使用，並及早治療，及早脫掉。若需要使用相關器材，也一定要有醫師診斷，不同治療會有不同的器材。

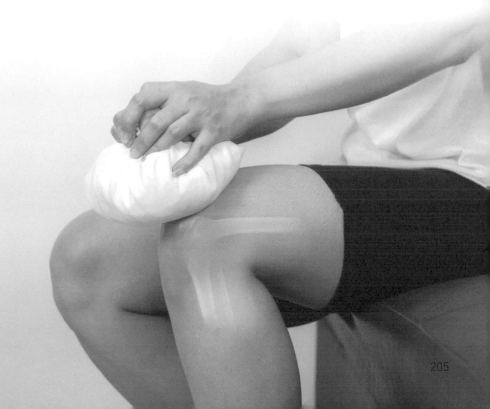

4. 運動飲食 +⟫⟫⟫⟫ ⋯⋯

　　飲食在人的生活中是不可或缺的，但不是吃越多、吃得越好料對身體就越好，尤其是在運動後，會伴隨著能量的流失，這時運動後的飲食就相當重要。在進入運動飲食之前，不能不先瞭解自己的身體需要什麼樣的能量，接下來會一一介紹人體所需要的各項營養。

人體所需能量

　　在飲食中，必要的元素有：醣類、蛋白質、脂肪和水分，透過這些必要元素，來維持人類所需的能量。1公克的醣類與蛋白質能提供4大卡的熱量，脂肪為9大卡。一般能量的基本需求，如果是沒有運動習慣，久坐不動的生活來說，可以透過簡單的公式來計算自己每日所需的能量：每天每1公斤體重攝取30千卡（kg/kcal/Day）。而運動員因為運動量大、能量消耗較多，會需要攝取超過2倍的熱量。

如何計算每日所需熱量？

以70公斤成人為例，70公斤×30千卡／天＝2100千卡／天
由此可以得知70公斤成人一天的基本能量需求為2100千卡。

卡？千卡？大卡？卡路里？好多名詞搞不清楚！
卡路里（cal），簡稱卡。在描述食物所含熱量用的「卡路里」很多時候是指千卡（kcal），又稱大卡（cal）。1千卡（kcal）等於1000卡路里（cal），也就是1大卡。

　　需要注意的不只是是否攝取足夠的能量，還要注意是否各種不同的元素都有足量攝取。每一種元素都有不同功效，無論何者對人體而言都是必要的，要正確攝取這些元素，才能保有最健康的身體！

醣類

　　醣類佔人體所需能量比例最高，大約是55～60％，人體大部分的熱量都來自醣類，攝取醣類時，推薦每人每1公斤體重攝取5～10公克。

計算醣類攝取量

以70公斤成人為例：

① 每天每1公斤體重攝取5～10公克醣類

　　70公斤×5公克／天－350公克／天，

　　由此可以得知70公斤成人一天的基本醣類需求為350g，

　　換算成熱量為350g×4=1400大卡。

②醣類佔人體所需能量比例約55～60％

　　若每日飲食需要2100大卡為基本能量，而醣類佔人體所需能量的比例約為55％，可以得知每天可攝取2100×大卡55％＝1155大卡的醣類。

★一碗飯大約280大卡，所以一天最多吃4～5碗飯，對70公斤的成人來說最為剛好。

蛋白質

蛋白質也是飲食中必需的營養物質，佔人體所需能量比例大約是12～15%。不同運動量的人，所需要補充的蛋白質皆不相同。一般運動量低，甚至是久坐不動的人們，每天每1公斤體重攝取0.8～1.0公克蛋白質就足夠；若是有從事耐力運動，可以提高蛋白質的攝取量，每天每1公斤體重攝取1.2～1.6公克蛋白質；有長時間持續的從事高強度的肌力訓練，推薦也提高蛋白質的攝取量到每天每1公斤體重攝取1.4～1.8公克蛋白質，以補充運動後肌肉所需要的蛋白質。

但蛋白質不是吃越多越好喔！若是攝取過剩，容易導致脫水、骨質疏鬆症，也容易堆積成體內脂肪。

運動完可以吃牛排補充蛋白質？！

以有定期做訓練的70公斤成人為例：

70公斤×每天每1公斤體重1.2～1.8公克攝取蛋白質
＝84～126公克蛋白質。

若用8盎司牛排來計算，大約是248.8 公克（其中5%為脂肪），蛋白質的含量約236.36 公克。

因此：

耐力訓練者，三天約食用一塊8盎司牛排。

肌力訓練者，兩天約食用一塊8盎司牛排

脂肪

脂肪攝取量佔人體所需能量比例大約是25～30%。我們可能會覺得脂肪是對人體不好的，繼而降低脂肪攝取量，提倡低脂飲食。雖然低脂飲食可以充分促進醣類的攝入量，但若是人體攝取的脂肪量太低，會容易出現消化變差、嚴重胃部不適、昏睡及攝取不到足夠的醣類等狀況，因此攝取適量脂肪對人體還是有幫助的。

水

水是人類生活中必需的元素，人體內有百分之七十是水，因此水分的攝取和補充是相當重要的，一般會建議每日正常的飲水量為2000ml左右，也可以透過體重比例來算出個人所需的飲水量：每天每1公斤體重需要30毫升的水量。當我們在進行運動時，身體流失的水分，最多可達每小時2000ml，因此運動後補充水分是相當重要的。

運動前中後怎麼吃？ ///

運動會消耗大量的能量，可能導致日常行動的能量不足，因此補充能量就非常重要，接著來看看運動前、運動時和運動後，要怎麼吃才能最好地補充能量吧！

醣類

醣類在食物中是最好的能量來源，1公克糖有4大卡。而碳水化合物的吸收和消化，對人體有很大的幫助和作用，我們吃下碳水化合物，會轉化成葡萄糖，而血液中的葡萄糖（血糖）轉化肝醣，儲存在肌肉及肝臟，作為立即可用的能量，供應給大腦、心臟、腎臟和其他組織。透過運動代謝掉碳水化合物，可以限制蛋白質作為燃料使用，並促進脂肪完全燃燒。

運動會使身體消耗和代謝碳水化合物，約2～4小時的中強度至高強度運動，會將體內儲存的葡萄糖耗盡，如果是持續長達90分鐘以上的運動或短時間的運動重複數次，則會在運動的每一小時內消耗40～70克（160～280大卡）的葡萄糖，因此補充醣類食物就格外重要，像是高醣類飲食可以提高肌肉肝醣的起始濃度及耐力運動的能力，也適合運動後快速補充肌肉肝醣，因此運動完很適合喝高醣類飲料，快速補充肌肉所需的肝醣。

在運動的每個階段，適合的醣類食物有所不同，可以透過升糖指數高低來選擇適合的醣類食物。

升糖指數（glycemic index，簡稱GI），是指食物對增加血糖快慢的影響力，用來衡量醣類對血糖的影響，了解食物升高血糖能力的度量。若為高GI值的食物，吃進體內後，所含醣類會被迅速分解吸收，迅速地將葡萄糖釋放到循環系統，導致血糖急劇上升再下降；低GI值

的食物，吃進體內後，所含醣類會被緩慢分解或較慢吸收，將葡萄糖逐漸釋放到循環系統，讓血糖的上升和下降更加緩慢與平衡。一般來說，低升糖指數食品有益於大多數人的健康，非常適合耐力運動前及中食用（每小時補充160～280千卡， 一根中等大小的香蕉熱量約112千卡。）

升糖指數高至低對應之食物

升糖指數高
- 運動飲料
- 白麵包
- 馬鈴薯

升糖指數中
- 白飯
- 黑麥麵包
- 果乾

升糖指數低
- 新鮮水果
- 豆類
- 奶製品

蛋白質

說到運動飲食，一定很多人都會想到要補充蛋白質，的確運動後補充蛋白質，可以有效地幫助身體修復受傷的肌肉組織，同時增加肌肉質量減少體脂肪。但是只吃蛋白質，不但沒有辦法有效的增肌減脂，反而可能因為攝取過多蛋白質，使蛋白質轉變成醣類或脂肪囤積在身體裡，不僅如此，高蛋白質飲食還有增加腎臟負擔、脫水、更大量的脂肪攝入、骨質疏鬆等等的副作用，因此均衡飲食，攝取好的澱粉，反而才能促進蛋白質吸收。

蛋白質分成動物性蛋白與植物性蛋白；一般來說，動物性蛋白質擁有較完整且高品質的蛋白質來源，但若攝取的過量，容易產生罹患心血管疾病的風險；而植物性蛋白雖然較不易被人體吸收，不過只要與動物性蛋白質搭配並均衡飲食，就是良好的蛋白質來源。

蛋白質的種類

種類	動物性蛋白 （完全蛋白質）	植物性蛋白 （不完全蛋白質）
特色	・品質較高 ・較容易被人體吸收 ・攝取過量易有心血管疾病風險	・品質較低 ・較不易被人體吸收
舉例	・蛋 ・肉 ・奶製品 ・禽類肉品	・豆製品 ・穀類

脂肪

　　脂肪分為飽和脂肪及不飽和脂肪，對人體有不同的幫助和影響。像是植物性脂肪或冷水魚等不飽和脂肪，為必須攝取的食物；動物性脂肪、棕櫚油及椰子油等含有飽和脂肪酸等食品，過度食用可能會導致膽固醇過高。過去我們會認為飽和脂肪會增加心血管疾病和中風的風險，但也有研究指出兩者間並無明顯的關係，近年越來越多研究顯示，飽和脂肪酸有降低體脂和心血管疾病發病率的作用。無論是任何脂肪，均衡飲食不過量都是食用的關鍵。

膽固醇	飽和脂肪	不飽和脂肪
·蛋	·蛋	·冷水魚
·肉、禽肉	·肉、禽類	·植物油
·海鮮	·海鮮	·橄欖、大豆
·乳製品	·向日葵種子	
	·花生	
	·棕櫚和椰子油	

　　脂肪為低運動強度及耐力運動的重要燃料，一般來說消化脂肪至少需要4小時，因此適合耐力運動前食用，或是在低強度運動中（例如，走路90分鐘）或高強度運動後攝取，以增加脂肪代謝。

運動強度對應表

強度	最大攝氧量%	梅脫（MET）	心率（次／分）				
			20～29歲	30～39歲	40～49歲	50～59歲	60歲以上
較高	80	10	165	160	150	145	135
	70	8	150	145	140	135	125
中等	60	6.5	135	135	130	125	120
	50	5.5	125	120	115	110	110
較低	40	4.5	110	110	105	100	100
	30	3	100	100	95	90	90

對不同人而言，健康的體脂肪比例也是不同的，請參照下表：

	男性	女性
一般活動	3%	12%
運動員	3～15%	10～25%
久坐生活	15～22%	18～32%

水

水分是生活中不可或缺的要素，尤其是在運動時，更不能忘記補充水分。若是脫水情況嚴重，水分減少體重的1～2%，就會危害有氧運動，達3～4%，肌力甚至會降低，因此水分不僅是維持生活的必需品，也足使身體維持運動機能的關鍵。

運動時怎麼補充液體和水分呢？一般會建議訓練及比賽前2小時補充水分500ml，運動開始之後，每15～20分鐘，就補充水分150～300ml，等到口渴了再喝水，並不是一個良好的補充水分的指標，因為「渴」的感覺來自於體內缺水，等到有口渴感覺時，身體已經有缺水的情況了，因此建議是定時、定量的補充，以維持身體的水分。

含有4～8%碳水化合物的飲料也很適合在運動時飲用（160～320kcal/1000ml），像是舒跑等運動飲料每295ml就有80.4大卡，除了補水也補能量。為了讓運動時體內的能量不會缺乏，每5公里設立一個補給站，像是水、餅乾和香蕉，都很適合作為運動中的補充。

運動比賽營養

平時需求什麼樣的營養、運動後該補充多少營養是一門學問，而準備比賽的人們所需要的營養又是另一門學問，賽前、賽中、賽後所著重的營養補充也有所不同。

🏃 賽前營養

　　一般在耐力運動或是超過90分鐘的運動比賽前三天，都會攝取碳水化合物，增加高醣飲食，使其補載，讓肝醣超補，並減少訓練量，讓體內的肝醣可以儲存較多葡萄糖。水分的補充，則是每天至少1000ml。比賽前一晚，賽前15～17小時就用餐；賽前1～2小時輕食或點心，避免飢餓感、確保警覺狀態，並提供立即可用的血糖，攝取果糖可避免反應性低血糖。若是比賽的運動強度越大，運動員就需要越早吃點東西。

賽前飲食

時間（小時）	卡路里（大卡）	水份（毫升）
3～4	500～800	500～1000
2～3	300～500	500～750
1～2	<300	250～500（輕食、點心或飲料）

賽前情境：今天7點有比賽，比賽前應該怎麼吃呢？

比賽前一晚，賽前15～17小時，約下午4點用晚餐

比賽當天，賽前1～2小時，輕食或點心

今天早上6點，賽前點心。

賽前1小時，喝舒跑（80.4kcal/295ml）或吃香蕉（112千卡）都是蠻好的選擇。（2:1或1:2≦300kcal／250-500ml）

賽中營養

　　從事持續時間超過90分鐘的耐力運動時，碳水化合物的消耗量為每小時40～70g。因此每小時需補充能量160～280大卡；每15～20分鐘，補充水分150～300ml，若處於高溫潮濕超過3小時，則需補充電解質。因此每15～20分鐘，推薦喝一瓶運動飲料（以舒跑為例，舒跑成分Na 124mg/80.4kcal/295ml），可以補充水分、能量及電解質。

　　運動飲料含有足夠的葡萄糖，足以提供能量；飲料中也含有鈉的成分，因此屬於電解質；涼爽的液體，可以補充水分，因此運動中透過喝運動飲料來補充流失的營養，是很適合的選擇。

運動飲料的營養成分

每一份量 295 毫升×3＝885ml

	每份	每 100 毫升
熱量	80.4 大卡	27.2 大卡 272kcal/L
蛋白質	0 公克	0 公克
脂肪	0 公克	0 公克
飽和脂肪	0 公克	0 公克
反式脂肪	0 公克	0 公克
碳水化合物	20.1 公克	6.8 公克
糖	19.8 公克	6.7 公克 67g/L
鈉	124 毫克	42 毫克 0.42g/L
鉀	35 毫克	12 毫克

賽後營養

　　運動後補充碳水化合物是相當重要的，尤其是賽前有飲食上的調整和控制，賽中有應急的補充，這些都會讓體內的碳水化合物濃度有所改變。因此賽後的飲食，目的在運動後的24小時內，將肌肉內肝醣的濃度回復到運動前的程度，以個人體重計算，一天中每公斤需要7～10克的醣類（運動後每兩個小時要補充自身體重每公斤0.7～1.0克的醣，使醣類濃度回到這個標準）。這時高升糖指數食物，就會是補充碳水化合物的理想選擇，同時也要補充蛋白質，有助於肌肉和組織的修復和代謝；水分和電解質也是不可或缺的重要元素。

　　賽後飲食最重要的關鍵，就是補回流失的營養，以回復最初的狀態。

補充營養的速率

- 能量補充速率：約2小時中，每1公斤體重可補充4千卡的能量
- 增肌者的需求能量：一天中每1公斤體重補充40千卡的能量
- 一般人的基本需求能量：一天中1公斤體重需要30千卡

總結

　　運動是全面性的，無論是飲食、運動前的暖身、運動時的正確姿勢、運動後的伸展，以及各種對身體的養護，都是我們平時就可以多多注意的。即使不是專業的運動選手，也能透過這本書建立關於跑步與運動的正確概念，希望能透過這本書，幫助更多想要開始跑步、或是現在已經在從事這項運動，甚至之前曾因為跑步受傷而暫停的人，都能夠真正享受到跑步運動的樂趣及好處！

醫療保健 *032*

這樣跑步才對！

跑步國手╳專業醫師╳運動教練，帶你安全起跑到健康長跑

正確跑姿╳熱身伸展╳運動防護╳營養補充，讓各領域專家帶你無痛完跑！

作　　　者	李祈德、周適偉、陳智光、劉德智、魏振展
顧　　　問	曾文旭
社　　　長	王毓芳
編輯統籌	耿文國、黃璽宇
主　　　編	吳靜宜
執行主編	潘妍潔
執行編輯	吳芸蓁、吳欣蓉、范筱翎
美術編輯	王桂芳、張嘉容
封面設計	阿作
法律顧問	北辰著作權事務所　蕭雄淋律師、幸秋妙律師

初　　　版	2023年02月
出　　　版	捷徑文化出版事業有限公司—資料夾文化出版
電　　　話	（02）2752-5618
傳　　　真	（02）2752-5619

定　　　價	新台幣380元／港幣127元
產品內容	1書

總 經 銷	知遠文化事業有限公司
地　　　址	222 新北市深坑區北深路3段155巷25號5樓
電　　　話	（02）2664-8800
傳　　　真	（02）2664-8801

港澳地區總經銷	和平圖書有限公司
地　　　址	香港柴灣嘉業街12號百樂門大廈17樓
電　　　話	（852）2804-6687
傳　　　真	（852）2804-6409

▶本書部分圖片由及freepik圖庫提供。

捷徑 Book站

現在就上臉書（FACEBOOK）「捷徑BOOK站」並按讚加入粉絲團，
就可享每月不定期新書資訊和粉絲專享小禮物喔！

http://www.facebook.com/royalroadbooks
讀者來函：royalroadbooks@gmail.com

國家圖書館出版品預行編目資料

這樣跑步才對！跑步國手╳專業醫師╳運動教
練，帶你安全起跑到健康長跑/李祈德、周適
偉、陳智光、劉德智、魏振展著. -- 初版. -- 臺
北市：捷徑文化——資料夾文化，2023.02
　面；　公分.
ISBN 978-986-5507-57-2(平裝)
1.賽跑　2.運動訓練
528.946　　　　　　　　　　110000364